U0601984

朱为民　余怀瑾　著

TED演讲者助力当代青年
克服表达难题

故事力

讲出更强大的自己

北京时代华文书局

图书在版编目（CIP）数据

故事力 / 朱为民，余怀瑾著 . — 北京：北京时代华文书局，2024.2
ISBN 978-7-5699-4707-6

Ⅰ.①故⋯ Ⅱ.①朱⋯②余⋯ Ⅲ.①语言艺术—通俗读物 Ⅳ.① H019-49

中国国家版本馆 CIP 数据核字 (2022) 第 168185 号

本著作中文简体版由成都天鸢文化传播有限公司代理，经四块玉文创有限公司授权大陆独家出版发行，非经书面同意，不得以任何形式，任意重置转载。本著作限于中国大陆地区发行。

北京市版权局著作权合同登记号　图字：01-2019-5986

GUSHI LI

出 版 人：陈　涛
责任编辑：周海燕
执行编辑：崔志鹏
责任校对：薛　治
封面设计：MM末末美书　QQ:974364105
版式设计：王艾迪
责任印制：訾　敬　刘　银

出版发行：北京时代华文书局 http://www.bjsdsj.com.cn
　　　　　北京市东城区安定门外大街 138 号皇城国际大厦 A 座 8 层
　　　　　邮编：100011　电话：010-64263661　64261528
印　　刷：三河市嘉科万达彩色印刷有限公司
开　　本：710 mm×1000 mm　1/16　　　成品尺寸：160 mm×230 mm
印　　张：14.5　　　　　　　　　　　　字　　数：200 千字
版　　次：2024 年 2 月第 1 版　　　　　印　　次：2024 年 2 月第 1 次印刷
定　　价：68.00 元

版权所有，侵权必究
本书如有印刷、装订等质量问题，本社负责调换，电话：010-64267955。

引起共鸣的故事魔法力

2016年秋天的某个下着微雨的下午，在台中某间咖啡厅聚集了近百位"女人进阶"（To be a better me）的粉丝。这是一场由我发起的公益讲座——"进阶，找亮点"，讲者共有3位，除了我，还有我的两位好友：仙女老师与为民医师。

长达3个小时的高潮迭起的讲座，全场观众聚精会神地听着，时而拍手叫好，时而掩面拭泪。3个小时过后，在场所有女性不仅成为我的粉丝，也全都成为仙女老师与为民医师的粉丝了。

仙女老师讲了两位学生的故事。有位男同学经常迟到错过早自习，也常因不遵守校园规定惹老师生气，但他在被仙女罚写的作文中，洋洋洒洒地展现了他的诙谐与创意，让人惊艳于这孩子独树一帜的想法。还有位女同学不爱读书，成绩较差，喜爱手工与追星。考试前夕央求仙女老师给她母亲打电话，让她将宝贵的考前复习时间花费在特制某明星的作品上。父母很伤脑筋，但她的作品凸显了她的设计功力与细腻手艺，让人惊艳于她的特殊才华。

通过这两个故事，仙女老师告诉我们：每个孩子都有独特的亮点，我们不要用世俗的框架来束缚他们，遮蔽他们的光芒。为民医师则用他惯有的温暖平缓的嗓音，叙述着父亲生病的过程。他细腻地勾画出与父亲互动的画面，让在座所有观众眼泪决堤，现场抽卫生纸、擤鼻涕的声音此起彼落。通过他与父亲的故事，我们自动在脑中代入自己与父母的生活点滴。为民告诉我们：高龄化社会带来的冲击其实不远，而面对这近在眼前的挑战，我们必须在体能、财务以及预立医疗决定上下功夫。讲座结束前，我们募得了近10万新台币，这些将会全数捐给需要帮助的听障儿童。会后有位妈妈跟我说，她立志从今天起改变教养方式，尊重孩子的与众不同。更有许多人到台前领取了预立医疗决定书，决定回家与父母子女一同规划人生最后一里路。

现场见识到两位好友触动人心的故事魔法力，着实令我啧啧称奇。如果你问我，故事能有什么魔法力？我会说，故事人人会说，但仙女与为民说的故事，可以化除心理隔阂、引起观众共鸣，再怎么生硬与难以面对的生死课题，都在故事巧妙的包装下直指人心。更重要的是，他们的故事激发了观众的行动意愿，并在两年多之后，依然让我印象深刻、回味再三。

推荐大家好好利用这本书，认真学习并搭配大量的练习，让你的故事也开始有魔法般的驱动力。

"女人进阶"论坛版主

Eva

充满魔法力的好书

　　这是一本教大家发挥故事魔法的书，所以，我的推荐，也想从两段特别的故事开始！第一段故事发生在某个台风天，威力大到连火车都停驶了一段时间。这个时候，你还会专程出门只为听一场演讲吗？而且要从台北坐火车到花莲，然后你还不确定火车会不会再停驶。对了，也因为班次大乱，你连回程的车票都还没订到。在这种阴雨未停的天气，一个人从台北到花莲，只为了听一场演讲，听两位职场中年大叔分享他们的人生故事。虽然他们两个是知名的企业讲师，但是在这种状况下出门，你会不会觉得有点疯狂？

　　另外一段故事的背景是有个人在医院听完演讲后，跟某位受邀的来宾拍了张照片，并关注了这位受邀来宾的社交账号，发现不久之后有位著名讲者有一场演讲。你虽然谁都不认识，但还是凭着一股直觉，从台中坐高铁专程北上，只为了听一场演讲，听一些故事。在合照的时候，你发现大家好像都彼此熟悉，只有你孤单一人，没有人认识你，你也不认识别人。

　　上面这两个场景，就是我跟仙女——余怀瑾老师，以及民医——朱为民医师认识的过程。仙女老师在台风天乘车来花莲听演讲，而为民医师，则是跟我合照后，孤身北上参加宪哥（谢文宪）的生日演讲，这是我们认识的开始。

但是有了这个开始后，他们在原有的丰富生命外，锻炼了不同的技巧，学习了不同的教学技术。慢慢地，仙女老师跟为民医师开始站上舞台发光发热，不仅一起站上了同一年度的TED×Taipei，China舞台，还联手一起进行公益演讲，甚至开了"故事魔法力"这门课程，教更多有故事的人如何让讲述的故事有魔法一般的影响力。

现在每次坐在台下，望着台上的两位明星，我都非常享受他们说故事的方式，也会因为他们说的故事而哭、而笑。这本书，没办法帮你创造出新的故事。但我确定他们能教会你，用更好、更有效、更有用的方式，说出属于你生命的故事。

你不需要冒雨出门，也不用孤单乘车北上，现在只要打开书，就能学会两位高手的讲故事技巧，让你知道如何让故事拥有魔法，发挥出更大的影响力。

我衷心推荐，这本充满魔力的好书！

《上台的技术》《教学的技术》作者
王永福

故事力，喂养心灵的食粮

　　我认为"说故事能力"是人生中最重要的能力之一，但要把故事说好却不是件容易的事。我曾经数次带学生参与仙女老师余怀瑾在万芳高中举行的课堂活动，发现她无疑是说故事的佼佼者，就连她的学生在她的指导下，都逐渐成为会听也会说故事的人。在《故事力》这本书中，特别提到说一个好故事很重要的一个方面是故事要有主题，可以用最短的时间、最少的语言来找到与观众的交集并走进观众的心里，书里所提到的例子和方法都让我受益良多，而这也正是我在仙女老师的课堂上所见到的特色。

　　"说故事能力"还有另一个相当重要的元素，就是故事说得好之外，还要让人感觉到故事所传递出来的情感与温度。这样才能让人从故事中有所感悟与启发。我曾有几次机会和本书的两位作者朱为民医师和余怀瑾老师一起交谈。为民每每让我感觉到医者的温暖，他信手拈来的故事中，有的出自他的家庭，有的是他的行医经验，为民阐述故事的方式极具穿透力，常常在片刻之间就勾动出我脑海中的相似经验……与为民一起畅快地"说故事"，实在是一件非常享受的事情。仙女老师亦是如此，尤其听她说故事时，我常常会产生一种奇特的体验，忍不住要跟着她一起在故事中掉眼泪，因此，仙女上过的我的两次广播，总是让人以欢乐开始，挥泪结束。

现在看到与我相熟的强者朋友联手出书，我除了赞叹这对黄金组合，更欣喜的是可预想这本书将嘉惠无数渴望说故事、却不知从何说起的读者。依照我的经验，当人们自我察觉对某项事物并不擅长时，往往会无意识地回避学习或刻板地觉得自己永远都学不会。我认为《故事力》这本书刚好打破了这个盲点：用一个从主题出发的观点，将许多好听的故事娓娓道来，告诉我们可以"如何说故事"。对于初学者来说，这是非常有效且系统化的学习方式。此外，由于《故事力》这本书出自两位技巧纯熟的TED讲者，对于说故事的老手而言，研读这本书后又可从头建构一个说故事的方法体系，并从中学习到如何从"说故事说得好"进阶到"说故事说得杰出"。我想，对于每个对说与写有兴趣的人而言，都能从这本书中受益。邀请每个年龄段的朋友，一起加入《故事力》的世界，世界将因这些有温度的故事而更美好，我们的心灵也将因故事的美好而变得充实丰盈。

心理咨询师

许皓宜

《故事力》让你从S5练到S1

在这个人人努力提升简报力、数字力、写作力等综合素养的时代，我认为故事力是当中上手最容易也最紧扣我们幸福感的一种能力。

有一次我问我妹要买什么生日礼物给外甥女，我妹说不要买东西了，你讲故事给她听就好，她最喜欢听你讲故事，我有一股很强烈的"低头便见水中天"的恍然大悟之感。

我忽然想到那位许久未联络的姑姑，跟她的互动，我最怀念哪一段？是她在我上学前给我讲"老是流着鼻涕的'阿鼻哥'"的故事的时光。细节我忘了，只记得在听故事时非常开心，我当时裹着棉被，3个榻榻米大小的房间里，灯光摇曳着一股昏黄，眼睛虽闭上，但听故事时却好像在看戏，我姑姑是那个卷着胶卷的放映师傅，电影是我一人专属。

这个故事她是从哪听来的呢，原来是在她小时候我爸讲给她听的。我爸没有过敏性鼻炎也很少感冒，也不知为何爱讲谐音"鼻膏"的"阿鼻哥"的故事（未谙闽南话者，可以把鼻膏理解成较浓稠的鼻涕），他医学院毕业后师承台中医院耳鼻喉科主任林忠辅，有了能力自立门户后，仍一辈子感谢这位老师。

我问他，你又没人脉，当初怎么有机会跟林主任学习。他说以前念书的时候林主任曾到学校给他们上过课，林主任留下电话号码说将来谁想当住院医师就打电话找他。我爸当时居然没逃学，不但抄下电话号码，还抄对了，而过了几年后那本笔记居然还在，打了电话过去居然还能接通，接通之后居然还不是被打发，而是"接通"了一段崭新的、难能可贵的学习旅程，我父亲从不讳言，他一辈子的谋生功夫，都是林主任无私传授的，而且常感念说那时林主任体恤他初为人父，常常赶他回家陪小孩，而自己抢着值班。

一辈子没见过林主任一面的我，每当抬头看到他送给我父亲庆祝开业的那块匾额，总是一阵无以言喻的鼻酸。

原来林主任是我爸的救星。我爸是林主任的学生，后来也成了阿鼻哥的救星。

众人皆知日语能力分N1到N5五个层级，N5最简单，N1最难。

如果我们把说故事的能力也分成S1到S5五个层级，这本《故事力》就是在帮助我们从S5练到S1，从说好自我介绍逐步锻炼，到最后一开口就自成篇章，说出一个动人故事。

方寸管理顾问有限公司首席顾问、医师
杨斯棓

麦克风加上信念可以改变世界

麦克风若是指代舞台或者演讲技巧，那么，信念的载体就是故事了。

人类的习性

如果您看完上面那句话，就认真地以为只要会说故事就能改变世界，那就异想天开了。我所指的故事，是经过设计、铺陈，再搭配好预计传达的理念与想法，如此的组合，才是一个能够撼动人心、改变听众行为、影响世人的好故事。人不喜欢听大道理，大人、小孩都一样，于是我会建议："故事走在前面，道理放在后面。"故此，故事的种类、质量和对故事的熟悉程度与掌控都是能够影响沟通质量的关键。以我的工作而言——长达13年、高达2000场的企业授课经验，这些大公司的员工可不是吃素的，如果没有真材实料，很难在大公司收取高价，或是让不同需求的学员都买单。

如果只有课程主轴呈现效果很好这单一优点，最多能在课程意见调查表里面拿到平均4.5分（满分5分）的佳绩，但不足以让我屹立企业内训战场13年，真正让我征服大公司的武器正是"好的故事与观点和他人无法模仿的个人特质"。我通常会在课程开场铺陈一个与主题相关的小故事，中午吃过饭后再透露部分续集，下课填意见调查表前，冷不防又会丢出一个大结局或是一段影片来感性收尾，这样的故事组合，搭配我的职场经验干货，才能让我攻无不克、战无不胜，满分课程意见调查表手到擒来。然而，仙女老师和为民医师，正是我在这个领域的最佳接班人。

小遗憾

2016年9月，两位上TED大舞台前，我带着他们进入许多大企业先行试讲书中精彩内容，在不断获得好评后，我相信通过TED的平台，一定能够让他们大放异彩。可惜的是，2016年9月11日我随景美女子高级中学、台湾师范大学联队远赴瑞典参加世界草地拔河锦标赛，当天不能前往演讲现场。我心里纠结了许久，我安慰我自己，他们就算没有我在身旁，一定也可以获得满堂喝彩，当天我请福哥（王永福）出席，并在距他们时差6小时的瑞典全程关注这场演讲。那几天的我，一下子被队伍连拿6金的佳绩感动，一下子被两位好朋友的精彩演讲振奋，人虽远在瑞典，心却备受鼓舞。总之，他们的演讲不仅影响了许多陌生人，也影响了身为好朋友的我。

我看完本书的想法是：

1.故事是可以洗涤人心的。

2.传授他们演讲技巧的我，确认这是一条正确的路，让一度想要放弃的我，决定继续坚持走下去。

3.他们教的不是故事文案，也不是日常生活中用不上的华丽辞藻。本书是让你在看完、练习完他们呈现的技巧后，马上可以上台实战的故事工具书。

我以他们二位为荣，并诚挚推荐本书。

知名讲师、作家、主持人

谢文宪

故事力强大的魔法

2017年8月12日是一个特别的日子：我跟仙女老师余怀瑾合开的"故事魔法力"课程首发班在那天开课了。那天总共有25个人在现场，其中2位讲师、2位教练、1位大神来宾、19位学员、1位超级助理，共度了难忘的一天。那一天后，我们开展了后续的二班、三班、四班，也开启了后续无限的可能，包括这本书。从那天到现在，我体会到三种魔法。

故事的魔法

从开始说故事，到开始学习如何帮助别人更好地说故事，直到可以教别人说故事，我在不同的阶段，一次又一次地体会故事的魔法，但也一次又一次地问自己：到底什么是故事？

是"故事魔法力"一班到四班的66位学员，用生活经验告诉我什么是故事的魔法。医师、管理师、皮件工作室老板、市场营销专员、护理师、品牌讲师、人力资源经理、特别助理、水果店老板娘……每个人都带着自己的故事来到课堂，并在最后带走所有人的故事。

有一个学员课后跟我说的话，让我印象深刻，他说："以前总是认为故事的情节一定要很曲折刺激，表现方式一定要很夸大，才有办法说一个吸引人的好故事，但是今天我学到，'为什么'要说这个故事，才是最重要的。"

是啊，其实无论做什么事情，初衷才是最需要被记住的。"莫忘初衷"四个字说起来容易，但是有好多考验等在前面：时间的考验、金钱的考验、情感的考验。我们很容易忘记，自己的出发点在哪里。

而说故事，也许是找寻初衷的一种方式。

缘分的魔法

认识仙女老师三年了，我一直觉得我们之间有神奇的缘分。一起开课后才发现，我们的缘分跟我们上课教的"故事结构力"一模一样，"开、起、转、合"，真的有魔法。

开：我们在2016年4月"超级好讲师"的活动上才第一次见面，那个时候她已经是很知名的演说家了，我算是"潜水"粉丝，看到她本人我还很害羞，不太敢上前攀谈，只在一群人喊着合照的时候，硬凑上前去，留下了我们的第一张合影。

起：后来在宪哥的"说出影响力"课程中，我因为是前一期的学长，所以很荣幸承担了辅导她的工作，也得知了更多关于她的故事。她是那种站上舞台说故事就会光芒四射的人。而她也获得了比我更好的成绩。

转：2016年8月，我们一起参加了2016年的TED×Taipei，China的海选，一起闯关到最后的年会。我记得在初赛前夕，两个人一同在TED×Taipei，China办公室附近很赶地找了一间面店吃面。因为很紧张，连面的滋味都感觉不到了。那个时候我俩相互之间也不算真正熟稔，海选也是竞争，彼此也隐隐有较劲的味道。一边吃面，一边也不知道要说什么好，只希望这样紧张的时刻赶快过去。

合：一直到海选上台，听到仙女老师和平平、安安的故事，我在台下流下了眼泪，也才觉得自己真正认识了她。2017年8月，我们一起合开了"故事魔法力"课程。

从这之中，我体会到缘分的力量，第一次见面的时候拍的第一张照片，那个时候没有人会想到现在的发展。但是缘分就是这么奇妙，具有魔法。

我学会最重要的一件事：缘分是无法强求的，但也是需要把握的。

就像我和仙女还有其他好朋友一样，初认识的时候，很难预料到后来的发展。我们能做的只有认真地对待每一个人，认真地看待每一件事，功不唐捐，玉汝于成。当发现有些人有些事会常常出现在生命中的时候，就要更诚恳地面对这些人或事，做个好人，帮助别人，勇敢地去探索更多可能性，创造更多的魔法。

合作的魔法

我跟仙女不仅是朋友，也是合作两年多的伙伴。每一次跟她一起上台或上课，都有一种很安心的感觉，因为我们完全不一样。她热情、我内敛，她声音高亢、我声音低沉，她活泼、我沉稳，她穿着华丽、我穿着素雅。但是我们刚好互补，既补充对方不足的部分，也有更大的空间展现最好的自己。

当我提出"不如我们来写一本书吧！"这样无厘头的提案时，我知道，仙女马上就会说"好"，毫不迟疑。经过一年，不知有多少次深夜在网络上沟通、讨论，才有了这本书的大纲、架构和大家现在看到的完整内容。

这本书的诞生，还要感谢很多人的共同合作，才有这样的成果。

谢谢宪哥和福哥在说故事和演讲上给我们的启蒙与不间断的陪伴和支持。

谢谢宪福育创的黄钰净（芋头）副经理，我们最强大的后援，总是在我们有需要的时候送上最温暖的帮助。

谢谢四块玉文创有限公司的增娣和增慧一直给我们最大的包容和鼓励。

谢谢曾经帮助我们强化故事力的好朋友们——悠姐、治萱、Eva和万芳高中的同学们，因为有你们的参与，让这段旅程更加美好。

最后，谢谢我的爸妈、太太、乖宝，给我最无私的爱和支持。

每一个课程的最后，我跟仙女和所有学员，每个人都有机会说出自己的真心话，有些学员很开心，有些人掉下泪来。但我想，应该很少有人会了解，在那一刻，我跟仙女有多么感动。

我们相信，每一个人都有好故事，每一个人都可以说出好故事，并运用故事创造更好的职业生涯、更好的人生、更好的未来。

我们一起用故事力继续创造魔法。

朱为民

故事力让生命更有厚度，让沟通零死角

2016年9月11日，我跟朱为民医师首次在TED×Taipei，China说了我们亲身经历的故事。我谈"杜绝霸凌"，朱医师谈"预立医疗决定"，不约而同地，我们选择运用"故事力"将想表达的理念包装在故事里，将生命投射到故事里。希望借由故事的力量唤起大家对于这两个"边缘"议题的重视。

然而，对那之前没见过大场面的我们来说，既要准备6分钟的简短演讲，又要学习适应场地，是非常吃力的。千万个发散的念头难以聚焦，想说的太多，庞杂没有系统，好不容易拟定主题后，还要设计结构让观众记住故事的梗概，铺陈画面让观众产生临场感，带入声音、表情与肢体动作让观众记住那些不该被遗忘的时刻，更困难的是说着自己的故事还得提防情绪的溃堤。从海选、复选到年会，每一次上台，我都跟为民说"我好紧张"，双手双脚不停地抖啊抖，心跳的声音大到怕被身边的人听见，为民总是抿着嘴微笑，跟我说："没有问题的！"上台那一天，观众的掌声淹没了主持人的话语，我们感动于观众的感动。

曾经有人问我："仙女老师，你的演讲会不会演得太过了？有必要表现得这么生气吗？"

我淡淡地回答他："你一定没被霸凌过吧！"面对孩子遭受霸凌的情况，没有一个母亲能够心平气和，每一次对她们来说都是撕心裂肺的。这就跟为民的母亲问他是否要让父亲接受急救治疗？六神无主的他说："妈，我不知道，你决定吧。"人总会面对难以招架的场景，一段时间以后，历经时间发酵与内心纠结才能说出其时的困窘，不再自虐，不再作茧自缚，让生命因此更加丰厚。我跟为民明了这当中的煎熬，想帮助更多人说出动人的故事，于是，我们合开了"故事魔法力"的课程。

"故事魔法力二班"拿下NPS（净推荐值）高分——100的那天，晚上8点，宪哥在社交软件上写下："'故事魔法力二班'创下'宪福育创完全比赛'纪录，难能可贵。谢谢两位主讲老师，谢谢站台老师（悠姐），谢谢芋头，一鞠躬。"宪哥的留言像电影里感性的对白，对我和为民是莫大的鼓励。

我和为民一直很在意怎么才能帮助学员学得更好，我们的课程有十大坚持：

一、重视学员的反馈：学员出现"咦""怎么做"等声音，这是遇到问题的表现；或抓头，或沉思，或叹气，这是遇到瓶颈的反应；眉宇间的纠结是遇到问题时的思索……当学员的反馈是上述表现时，课程引导就要如锦囊中的妙计，给学员解决困惑。

二、教室氛围的经营：上午的课堂，进行一个口令一个动作时，还需要提醒学员们"时间到了，停止讨论"。到了下午，无论抢答发言、上台分享或是投票时刻，台上台下出现了一种前所未有的协调，讲师与学员的默契已然成形，节奏整齐。

三、学员前后的转变：学员课前的表现很"朴素"，我们课程的目标是希望他们当天就能觉察自己的改变。当下午学员们大量运用"故事魔法力"，课堂的惊呼声就再也没停过了，我和为民对大家下午出彩的表现献上无与伦比的肯定。

四、学员间彼此照应：坐着电动轮椅的春锦，从澳门来的惠筠、蓓莹和升恒，延伸了我们的观察力。不只讲师与助理，就连学员间也能顾及个别人的需求，悉心的询问与关怀创造了温暖的课堂，让故事一出口就有了强力的情感纽带。

五、课堂俯拾皆故事：被当作宣传单的"课后回馈"，在一大早让好几个学员眼睛为之一亮，还画下重点。"故事魔法包"是个可以回家说给家人听的故事，瑀柔的手工包原本是道具，在学员一片叫好声中成了课后的抽奖礼。

六、带有建议的赞美：怎么样可以让学员更好，怎么样让学员深切地感受到建议的可行性，是我们从福哥身上学习到的。赞美人人爱听，但只说"好棒"会让人觉得空洞，让学员的个人特色能够发挥，是我们现场回馈的极致。

七、宪哥、福哥强力的信任：记得第一堂课时，宪哥替我们暖场，一开场就让大家玩得不亦乐乎，展现了千万粉丝级讲师的功力。之后宪哥和福哥没有跟课，我们活用宪哥的方法开场，下午一上课，房间里就充满笑声，等学员们注意力集中后马上开讲，效果十足。

八、宪哥课程是福袋：宪哥"说出影响力"的课程，已经到了不用公开招生，光在社群内推出就立即满额的程度。宪哥保障"故事魔法力"的学员能优先上"说出影响力"课程的福利后，学员们对登上更高的殿堂跃跃欲试。

九、悠姐和芋头的支持：悠姐是课后"彩蛋"，说得一口有泪有笑的好故事，让这个课程更加圆满。芋头在我们每次需要她的时候，从没拒绝，只想怎么让这堂课可以更好。在行政这一堂课上，芋头帮了我们许多忙，更像我们的教练。

十、双讲师的互补：为民思路敏捷，沉稳内敛，知识内容横跨多领域；我热情活泼应该也没有人会反对。不一样却很一致的我们缔造了祥和与热闹交融的双重风格的课堂，搭配得天衣无缝，给学员提供了不同的参照。

这堂课后，为民跟我说："我们来写书吧！"书就这样有一搭没一搭地在下班后写着，时不时地，社交软件上就会有一些陌生朋友私信我，他们因为我在TED×Taipei，China的演讲而感动，感谢我为弱势者发声，这些鼓励都成了我写作的动力，也更希望帮助大家学会通过故事表达感情、传递信念。在职场上、在生活中都能用故事取代名片，成为别人眼中精彩的记忆，为自己搭建TED舞台。

余怀瑾

Chapter 1　故事主题力

Chapter 2　故事结构力

Chapter **3**　故事画面力

Chapter **4**　故事吸引力

Chapter **5**　故事实战力

Chapter

故事主题力 *1*

说故事为什么要有主题
从自我介绍开始练习寻找主题

与其一开场就告诉学员主题之于故事的重要性，不如让大家在"错误"中学习，简单的自我介绍就能轻易彰显主题的可贵。

"故事魔法力"第一堂课是寻找故事的主题。身为讲师的我自我介绍结束之后，要每个学员上台花30秒介绍自己。或许是措手不及，没预料到要起身向全班介绍自己，20位学员当即开始交头接耳，互相询问："要说什么呢？"

不同主题，将会发展为不同的故事

坐在教室中间的一位学员举手问我："老师，说什么都可以吗？"我点了点头。助理将麦克风递给这位学员。

"我叫林愉，是个软件工程师，很高兴认识

大家。"林愉下台时耸耸肩，大概是他已经把能说的都说光了。

我看了看他报名的简历，他报名这堂课的原因是："每次想跟大家传达自己的想法，却没有办法触及人心，想通过这个课程，提升表达能力与自信。"

前几个学员都跟林愉一样，进行了简单的自我介绍后迅速下台。之后，有个高大的学员上台，教室里的氛围明显地不同了。

他一上台就说："我叫王大同，大家都叫我大头。听说头大的人比较聪明，你们也可以叫我大头。我喜欢旅游，每年都会安排一次远距离的自助旅行，从买票、住宿到交通路线，都是我自己规划的，我最喜欢的国家是西班牙。如果大家有什么旅游的问题，欢迎大家跟我一起讨论。"

大头一坐下，我马上看到他隔壁的女学员凑过去："我今年7月也要去西班牙呢！你推荐哪些地方一定要去呢？"

在对的场合找到对的主题，更能引起共鸣

接下来的几位学员比照王大同的自我介绍模式，也说出了自己的兴趣，到子芳开口，教室里又引起另一波共鸣。"我是张子芳，从事保险工作。我有两个小孩，一个5岁，一个7岁，睡觉前他们都会要我说故事给他们听。可是在面对客户时，客户常常会打断我说的话，我在想是不是我缺乏跟大人说故事的能力，所以，我想来这里学'故事魔法力'，希望能通过讲故事来提升我的业绩，还有客户对我的信任程度。"子芳一讲完，我看到为民医师点了点头。

后面的学员像找到密码一样，跟着说出自己来上课的目的：

"希望把故事说得生动一点。

"想说出打动人心的故事，让别人想听我说话。

"学习把一则看似平淡或稍微严肃的事，说得精彩吸引人。

"我希望可以把生活中的各种元素内化成一个个故事，不论是工作和生活，都是通过这样的方式。"

通常其他课程一开始，讲师会在让大家上台自我介绍前与学员明确："请大家自我介绍，向大家介绍你的名字与你来上这个课程的原因。"而我认为与其一开场就告诉学员主题之于故事的重要性，不如让大家在"错误"中学习，这一个简单的自我介绍就能轻易地彰显主题的可贵。

自我介绍是寻找主题的好方法，林愉简单介绍了他的职业，可惜并非人人都是工程师，若多一些其他叙述，也许更能获得观众的响应；王大同则是强调兴趣，吸引了喜欢旅游的学员的注意；张子芳聚焦在为什么想要学说故事，使得大家纷纷回头思考来上这堂课的初衷。

说故事要有主题的原因

1.在最短的时间里找到与观众的交集：以上述的自我介绍为例，我刻意地没在自我介绍前，加上"麻烦大家自我介绍时，说明自己为什么想来上'故事魔法力'，希望在这堂课学到什么"。有些人的简介就像来交朋友，跨界学习交朋友固然好，但是要搞明白这群人聚在一起、彼此交集的原因，正是想学说故事，这就是主题。

2.用最短的内容与观众互动：课堂上大家没有说出为什么来上课的想法，而下了课之后，学员们彼此交换名片，一小群地聊起了来报名上课的主要原因。"你也有这种困扰呀！"通常不时会听到学员们说，"我跟你一样呢！"与其这样两三人的私下交流，不如扩大为全班性的互动，效果更好，同时也能找到大家的短处。

3.花最少的语言走进观众的心里：以射箭为喻，主题就像箭靶，先看到箭靶才能确立目标，讲故事时才愈能触及靶心，分数愈高。只要主题明确，简洁有力的两三句话就能走进观众的心里。

让自我介绍成为别人认识你的第一个故事

下课前，林愉要求重新进行自我介绍，他站起身对全班说："我是林愉，是个软件工程师，我的兴趣是跳街舞，每周日我都会在工作室对着镜子不断地练习，其实很多同事都跟我说，我们都什么年纪了还在跳街舞，但我不过才30岁出头而已，之所以来学说故事，是希望把我学舞的过程说给大家听，希望大家给坚持梦想的人多一点鼓励，而不是浇冷水，很高兴认识大家，今天收获真的很多。"林愉的自我介绍与之前判若两人，他说了个短短的小故事，讲述自己在学舞时，如何在旁人的不理解中找到说故事的动力，他是故事"主题力"的最佳见证者。

自我介绍是极简版的个人故事，不同场合为自己找出不同主题，呈现你在这个方面的特点，保证你一定是最能被大家记住的人。

> 说故事要有主题的三大原因：
>
> 1.在最短的时间里找到与观众的交集
>
> 2.用最短的内容与观众互动
>
> 3.花最少的语言走进观众的心里

你要说故事给谁听
确认对象，找到说故事的方向

演讲前3分钟很重要，要让观众对演讲主题产生兴趣，故事开场就要像磁铁吸引金属般强力，能即刻吸引观众注意力。

我经常受邀演讲，照例会先问主办单位："台下有哪些人？他们是谁？他们为什么要听这一场演讲？"关心受众是优秀的演讲者必备的软实力。

一开场，就要确定方向

有的学校，演讲前几分钟老师们才赶忙进入会场，火速地争抢最后面的座位，不多久最后面两排满座后，大家才不得已地由后往前坐，脸上多少带着遗憾。讲者运气好的话，前面几排偶尔会有零星几位老师，演讲时好歹前方还有观众可以近距离互动。而有的学校则相对对讲者友善尊重，怎么说呢？校方安排教师座位，由前往后，一个萝卜一个坑，不管他们想不想听演讲，至少讲者眼前满是观众。座位距台上的距离决定了讲者与观众心之间的距离。这几年，我跨足其他领域演讲，才发现哪都有类似争抢后排座位的状况，先到的人赶紧选择最后一排的座位，好巧不巧主管又都正好坐在最前排，离讲者愈近的座位像是酷刑，之所以如此，一些原因不外乎：被迫参加，心不甘情不愿；长期对讲师不抱期待，心灰意冷；工作做不完，无心听演讲；等等。

因此，演讲前3分钟很重要，要在这么短的时间里让观众对演讲主题产生兴趣，对讲师重燃期待，故事开场就要像磁铁吸引金属般强力，能即刻吸引观众注意力。

当你的观众是老师

如果以"融合教育"为主题，一开场，我通常会引用一段对话，那是我在2014年参加SUPER教师甄选时，评审戴金鼎老师对我提出的疑问。戴金鼎老师在教室观课50分钟，等观课结束后，在我陪同他走往会议室的路上，他问了我一个问题："余老师，你怎么让学生接纳特殊学生？"这个问题从来没有人问过我。原来，戴老师观课时注意到阿明躁进好动，在上课过程中不时离开座位，看出他是患有多动症的孩子。戴老师对同学们竟然会好声好气地呼唤阿明回到座位，没有大声叱喝或出言攻讦他，觉得不可思议。我那时反问戴老师："不是所有的老师都这么对待特殊学生的吗？"他说："余老师，你很特别。"戴老师的问题帮助我找到身为教师的独特之处。

这一年，我得到了"SUPER教师评审团特别奖"。评审是怎么形容我的呢？

"被学生称为仙女的余怀瑾老师，在万芳高中担任语文老师，创造出最有趣、没人睡觉、没人玩手机的高中课堂。怀瑾老师把学生当成朋友，在课堂上开展仿佛综艺节目式的益智问答，通过小组合作以及不同科目的协同教学，营造出高效能学习的氛围，让语文课程成为有趣的学习游戏，也通过让学生上台讲话的方式，建立学生的自信心。"

讲完评审的故事之后，接着我会说："评审看到的是教学氛围的改变。今天我来跟老师们谈谈'三个发挥教学影响力的关键心法'，分享我营造班级氛围、发挥教学影响力、照顾班级里弱势的特殊学生的一些心得，重现当年戴金鼎老师观课的画面。"

这是"融合教育"的讲题，老师们在故事中，了解帮助特殊学生的根本之道在于改变氛围，且能立竿见影。好故事是时间沉淀的产物，我把长久以来帮助特殊学生的经验，作为一个开场故事，引导听讲的老师们进入主题。

当你的观众是医师

我曾经到一家教学医院演讲，讲题是"有温度的教学——让学生从跟随到追随"，场地灯光美、气氛佳，除了第一排的院长、副院长和主任，百来位医师和护理人员与我相隔遥远，想是做好了随时"撤退"的准备，中央的座位视野绝佳，依旧乏人问津。我心想如果没有好开场的话，不只院长会以公务繁忙为由提前离开，后面的人也会一溜烟地走个彻底。

一开场，我说："2016年，我在TED×Taipei，China说故事。我们班有个身心障碍的学生叫作凯安，为了不让凯安在课堂上被忽略，我会叫他回答问题并等他作答。轮到他回答时，我出的题目会稍稍简单一些，他写字、计算有些慢，他怕我不等他，会心急地举手大喊：'等一下！'为了安抚他，让他不这么慌张，我都会响应他：'凯安，慢慢来，我等你。'

其他学生则找到机会趁机聊天。我每一堂课都会说: '凯安, 慢慢来, 我等你。'"

"许多人因为我等凯安都觉得我是一个很温暖的老师。是的, 我是一个很温暖的老师, 但是请各位思考, 只靠说一句话就能够改变教学氛围吗? 显然教学技巧帮了许多的忙, 今天来跟大家谈谈'有温度的教学——让学生从跟随到追随', 分享我如何运用教学技巧, 温暖课堂气氛。"

演讲结束后, 院长主动上台说话: "这是我第一次晨会没有看手机, 余老师的演讲让我放下了那些要处理的电子公文。"因为故事开场是与"教学"相关的, 不只院长被故事吸引, 后座也没有人中途离席, 好的故事帮助大家找到听演讲的目的。我用故事揭露TED演讲背后的细节, 再带入演讲主题, 让观众有兴趣继续听下去。

当你的观众是企业人士

到企业演讲, 隔行如隔山, 为了打破他们对老师的传统印象, 我会先说我如何带班的故事, 虽然我们所从事的工作不同, 但故事的魅力就在于此, 主题对了, 观众就走进故事情境中了。

一开场, 我会这么说: "我一直是个很认真的老师, 上课要求多, 作业也很多, 学生喜欢这样的老师吗?"我自问自答地摇了摇头, 台下观众也对我摇了摇头。我接着说: "2011年6月6日, 我父亲去世, 我请了丧假。同事打电话跟我说: '小瑾, 你们班学生希望上你的语文课。'学生拜托同事传话给我。情绪低潮的我拒绝几次之后, 6月24日, 丧假期间, 我应了学生要求回到学校上课。那堂课我教授的是归有光的《项脊轩志》, 归有光生命中最重要的3位女性, 祖母、母亲、妻子都已去世, 整篇文章字里行间满是物是人非的伤痛, 就在我转身在黑板上写字, 再回头要讲授课文时, 教室后方的公布栏出现了巨幅的海报，至少180厘米×60厘米大小，上面最大的几个字是'仙女生日快乐'，我的生日是6月25日，当时我的眼泪掉下来。学生们可以在我丧假期间忽略这一天，但是他们却选择在这一天告诉我，他们是重视我的。带班带心，带人带心，今天来跟大家谈谈'打造年轻团队的必胜守则'，分享我带领'团队'的经验。"

班级经营对我来说就是带领团队，我们师生的故事让原本冰冷的会场升温许多，打破了大家对于教师的刻板印象，树立了我个人带领团队的鲜明形象。从好故事里看到从谷底爬升的人生，我用低潮时期与学生互动的经历，显现我带领团队的能力，也建立起观众对我的信心。

了解观众是一定要做的事

1.优先定锚：事前与主办单位对接，明确了解台下观众的需求，以利故事内容能打动他们。

2.刻意练习：面对镜子把开场故事说一次，以利现场能看着观众熟练地说出来，这样更能打动观众。

3.搭建"心桥"：开场用适切的故事搭座心与心之间的桥，以利你想表达的内容能说到观众的心里，破除他们对演讲的抗拒，增加他们对演讲的好奇。

下次说故事，要记得先了解观众是谁，再设定主题与内容！

针对不同对象，确立故事方向的三个步骤：

1.优先定锚

2.刻意练习

3.搭建"心桥"

如何打造故事的整体感
运用启发，让故事更完整

大家总以为把故事情节讲完，结局出现，故事就结束了。然而情节的铺排是情绪酝酿发酵的过程，尾声将掀起另一波巨浪。

说故事在现代社会是每个人都应具备的基本的表达能力，长篇大论不如说一则好故事。因此，语文老师带着学生阅读文本前先说作者的故事；家长在孩子犯错误时说别害怕失败的故事；主管对新任员工说承担责任利他成己的故事；业务经营者对高端客户说产品价值的故事。大家都知道要说故事，但是故事说完了之后，如何能够让故事内容停留在观众心里？如何能产生质变？打造故事的整体感就显得格外重要，那将会带来改变的力量。

活泼生动，却难以吸引观众的注意

2018年年底，我跟朱为民医师参加一场讲座，听了讲者小汪的故事后，我转头看看坐在我左手边的为民，他对我耸耸肩，像是跟我说：这个故事讲完了吗？为什么我跟为民会有同样的困惑呢？回到当天的现场，小汪上台站定后，诚恳地看着观众说："我想跟大家分享一个对我很有启发的故事。"在场的人无不侧耳倾听。

"很久以前有一个小男孩，他常常在一棵苹果树下玩。有时候他把树叶摘下来编成王冠、做成玩具；有时候他会爬上树干，抓着树枝荡秋千；有时候他会坐在树荫下，吃着苹果和树聊天。男孩好爱这棵树，树也很爱小男孩，他们每天都很快乐！"这是谢尔·希尔弗斯坦《爱心树》的故事，是一棵苹果树和一个男孩之间的感人故事，分别以男孩童年、少年、青年、中年及老年五个时期为叙述轴心。

小汪才刚开始说故事，我就已经知道故事的结局了。在场有些朋友对这个经典作品倒背如流，凭借着对故事的熟悉感索性拿出手机回复短信，然而小汪的语调充满生命力，吸引我想认真听他说故事。

"日子一天天地过去，男孩也长大了，他很久都没来找树玩耍，树觉得很孤单。"小汪的表情显得哀伤。

"有一天，男孩终于来了，树说：'孩子，我好想你啊！来，快爬到我的树干上，抓着我的树枝荡秋千吧！在我的树荫下吃苹果、玩耍，就像以前一样。'"小汪眼睛眯成一条线，极力演出树的温暖。

"'我已经不是小孩子了，我不想再爬树玩耍。'男孩说，'我想买玩具来玩，你可以给我一些钱吗？'"这时的小汪像个任性的孩子，走向场中央向观众伸出双手。

"树说：'对不起。我没有钱，但是你可以拿我的苹果到城里去卖。

有了钱，就可以买到你要的东西了。'于是男孩爬到树上，摘下树上所有的苹果，带着苹果离开了。树觉得好快乐……每次男孩来到树下，树都一如既往给了他想要的东西，钱、房子、一艘船……"

故事愈来愈沉重，树的无私让小汪不自觉地在台上慨叹。

"当男孩成为老人，再度向树提出请求，树的回答是：'很抱歉，孩子，我的苹果已经没了，我只是一株残破的老树墩，很抱歉……''太好了，残破的老树墩正适合拿来坐着休息。'他坐在树墩上，树很快乐。"

小汪抿着嘴说完故事结尾，没有一丝的快乐。

说出启发，使故事更有整体感

小汪的声音和表情都极具吸引力，他走下台，主持人接了麦克风上台，场子停顿了好一阵子才出现掌声。观众们继而窃窃私语相互询问："故事说完了吗？""然后呢？"一时间我听不清楚主持人在说什么，大家像找到了可以诠释自己对《爱心树》的感悟的机会，交头接耳的声音愈来愈大。

"谁为我们建立温暖的家？谁辛苦地工作赚钱供小孩读书？这都得感谢什么人呢？"说这句话的是个年轻的妈妈，她正在跟幼儿园的女儿讲要懂得感恩。

"父母亲的无怨无悔是世界上最珍贵的爱。""只要孩子把书念好，父母亲就会满足他们所有的需求。"说这两句话的是一对夫妻，他们的小孩看起来是个初中生，脸上还有几颗青春痘。

"这就是老年人的悲哀，年轻时为孩子做牛做马，等到老了，孩子也不在身边，看病都得一个人来。"说话的是头发斑白的老先生。

当大家都在发表各自的看法时，我好想知道《爱心树》对小汪的启发是什么，我好奇的是小汪为什么要说这个故事，我想知道小汪为什么在这样的场合里说这个沉重的故事。

找到说故事背后动人的初衷

小汪是山区里的教师，5年来，他感受到外界的资源对偏乡的帮助，山区的孩子可以不费吹灰之力得到馈赠，有些孩子会刻意彰显自己的弱势，就像《爱心树》里的小男孩一样，小汪认为此风不可长，他希望大人们能够教孩子心存感激，让孩子们除了口头的感谢，还能将感谢化为具体行动，写卡片、做劳动都可以。

我提醒小汪下次说《爱心树》时加上这一段，大家就能感受到这个故事带给他的启发，同时，他也启发了大家。

一个故事，两种启发

中场休息，有位体形壮硕的先生走到我面前，递了名片给我，他客气地问我怎么能把故事说好。"仙女老师，我是宇祥，做汽车业务，我对《爱心树》这个故事也很有感觉，现在大家都说销售要先讲故事，我也讲过《爱心树》，然后我的客户就会说：'对啊！要孝顺，所以要买好一点的车载父母出游。'其实这样也是可以啦！但是，我讲《爱心树》是想劝那些女性客户不要买二手车。"我疑惑地睁大了眼睛，不知道这跟二手车有什么关联。

宇祥接着说："每一辆车都跟这棵苹果树一样会愈来愈老，性能愈来愈差，女性车主与其买二手车，我建议她们不如买新车，安全性高，不会动不动就抛锚。残破的老树墩还能让男孩休息，很多女性驾驶员遇到状况就手忙脚乱，不知所措，根本无法好好休息的。"我听了猛点头，想起以前开二手车提心吊胆的经验。

宇祥在意的是二手车给女性司机带来的困扰，他开发了《爱心树》销售版的温馨提醒，有别于小汪"施与受"和"珍惜"的呼吁，一样故事，两样情怀，同样动人。

营造故事整体感必须思考的事

以前大家总以为把故事情节讲完，结局出现，故事就结束了。然而情节的铺排是情绪酝酿发酵的过程，尾声将掀起另一波巨浪。而如何打造故事的整体感，让你的故事具有更大的影响力，必须思考这三件事：

1.自我映射：你是谁？你为什么要说这个故事？

2.讲者表态：表达个人明确而具体的要求或主张。

3.传递价值：倡议社会中长期被忽略或稀缺的观念。

下次就算是说《三只小猪》这种耳熟能详的故事，也要记得整体感的打造！

思考三件事情，打造故事整体感：

1.自我映射

2.讲者表态

3.传递价值

如何找到说故事的使命感
从三件事情思考说故事的使命感

你说的不只是自己的故事，而且也是在代他人发声，这就是使命感。
使命感会成为驱动力，支撑你面对压力与挫折。

2016年我和朱为民医师站上TED×Taipei，China的舞台宣扬理念，我谈"杜绝霸凌"，为民谈"预立医疗决定"，这两个议题直白地讲，是无法引起关注的，于是，我们运用故事的魔法，将理念包装在故事里，将要求写入故事内，将生活经历投射进故事中，用动人的故事唤起了大家的行动。这也是"故事魔法力"开班的原因之一，期望大家都能运用故事讲出自己的理念。

第三班开班前，好友坤哥发了短信给我，他的朋友朱妍安报名了我们的课程，我看了有关妍安的采访报道，大致上有了心理准备——要面对她的隐私往事。

避重就轻，未能触及观众的内心

上课那天，妍安穿着素色上衣，要告诉我们"一份特别的母亲节礼物"的故事，而那份礼物只是想要煮给妈妈的一桌菜。故事背景大致上是少女时期的她经常在外面吃饭，不重饮食，吃路边摊和泡面都能过日子。有了儿子恩恩之后，妍安把健康视为饮食的重要元素，所以她决定要做一桌丰盛的菜肴给妈妈吃。

那天妍安心情很好，剪了俏丽的短发到妈妈家，买了大包小包的菜，站在公交车站牌下等妈妈来接她。"我在3米宽的马路对面向妈妈挥手，大太阳下她撑着太阳伞，看了我一眼继续往前走，我努力地把手举得高高的，对着她挥，她继续往前走，一直到我喊'妈'，她才停下脚步，看着我，1秒、2秒、3秒，她突然大笑，笑到旁边的路人都转头过来看着我们……"

"那是顿满足的晚餐，一桌子的菜，母亲跟我还有恩恩，祖孙三代，吃到了幸福的滋味。"妍安眼睛里闪烁着光芒说，"那桌菜就是我吃得最幸福的一顿菜，也是我度过的最幸福的母亲节。"

"那是我第一次为她煮饭，但是也成了最后一次，没过多久，她就无预期地离开这个世界了。"妍安的故事也在这里结束了。

面对伤口，勇于正视故事的使命感

妍安大量地铺陈饭前的准备工作，我却感受不到那餐饭的滋味，隐隐地觉得酸楚。中午用餐时间，我跟妍安聊天："我们的课程不便宜，你为什么想来上课？""你想说母亲的故事，是不是有什么特别的原因？""你的故事说得真好，吃饭是一件很平常的事，你能把它形容得这么盛大，是不是还有什么没有说完的？"

我揣想着或许有些事情妍安可能不想说，或者是需要经过沉淀才能说出口。于是我告诉妍安："也许说说你与母亲以往的相处经历，更能让观众感受到这个母亲节对你的重大意义。尤其母亲后来突然自杀离世，更强化了这个母亲节在你生命中的分量。故事总是因为冲突才更吸引观众，故事也是因为主角克服了困难，才能走进观众的心里。"

妍安在故事的转折处却避开了这些重要的元素。

"说故事是个面对自己的过程，我上TED讲我女儿安安在学校被同学欺负的事，舔舐伤口、擦干眼泪后却帮助更多的身心障碍者。有些事，是我们必须做的，责无旁贷。"

我拍了拍妍安的肩膀。

肩负使命，让故事更有感染力

下午的"实战力"课程，必须应用上午所学习到的主题力、结构力、画面力、吸引力来说故事。妍安开口依然说着母亲的故事，表情维持着镇定，双手不自觉地握着拳，似乎有些控制不住情绪，从容全不见了。她说着："明明前几天我还跟妈妈提出要她搬过来跟我和恩恩一起住，我们可以相互照应。"

"我接到一通电话，警察讲得很含蓄，要我赶紧过去妈妈那里，明明是夏天，我在车上一直冒冷汗，爬楼梯的时候，心跳得很快，我一推开门看到妈妈的房间全用毛巾……"她慢慢地诉说过往，倾诉身为自杀者遗属因亲人自杀死亡事件而痛苦的心情："为什么她要自杀？""为什么我没有发现她最近不对劲？""如果我早一点回家，是不是她就不会自杀了？"

妍安的母亲和后母在同一年自杀，她在这巨大的压力下罹患创伤后应激障碍，对生命感到困惑，甚至被抑郁症等精神疾病所困扰，因此发起"隙光精神"计划。她希望能长期地陪伴并帮助自杀者遗属走出孤独，不再封闭自我，真实地面对往后的人生。

我看着妍安的背影，佩服她的勇气和决心，她之所以说母亲的故事，是为了帮助更多的自杀者遗属走出伤痛与迷惘。

找到故事的使命感，你可以这样做

当你发现想说故事，却有意无意地闪躲部分记忆，可以像妍安一样思考三件事：

1.这是少数族群的议题，我希望大众关注。

2.这是容易被忽视的议题，我希望大众明白。

3.这是多数人逃避的议题，我希望大众正视。

思考过这三个问题之后，你会发现你说的不只是自己的故事，而且也是在代他人发声，这就是使命感。使命感会成为驱动力，为你努力不懈提供动能，支撑你面对压力与挫折，增强你渴望影响众人的信念。在往后荆棘遍布的道路上，"说故事"将会变成一种理念模式，伴随着许多需要帮助的人。

故事与现实

2018年5月，妍安为"隙光精神"举办为期两个月的募资活动，期望能募到50万新台币，用来成立支持团体，帮助自杀者遗属整理逝去亲人的生命经历，以及拍微电影让台湾民众更了解自杀者遗属。60天后，募资没有满额，我收到了退款。

妍安在社交软件上写着："A计划用完了就会继续B计划，B计划再不行还会有C计划，直到完成的那天。"

我相信，妍安的"隙光精神"，将会慢慢地影响自杀者遗属，让他们看到生命缝隙中的光芒。

想想这三点，找到故事的使命感：

1.这是少数族群的议题，我希望大众关注

2.这是容易被忽视的议题，我希望大众明白

3.这是多数人逃避的议题，我希望大众正视

如何用故事唤起观众行动力
用初衷唤起观众的行动力

送给每个有故事想说的人一个重要提醒，记得在故事最后加上你行动的初衷，它将强而有力地在观众心中埋下一颗良善的种子。

2018年春，我参加了由宪福育创举办的"第五届滴水穿石讲师联谊会"，到场的全是"宪福讲私塾"的学长学姐与同学。宪哥和福哥开场之后，随即由杨为杰医师与我们分享"里程带你看世界"——含金量超高的升头等舱的窍门，开了大家的眼界，原来搭飞机可以这么潇洒自在。接着大仁哥——杨坤仁医师登场，第一张幻灯片就让全场大笑，根本就是杨为杰医师的幻灯片，都没有重做，只是标题多加了一行字，变成"里程带你看世界，放手更能追梦想"，讲者名字改成杨坤仁，欢喜开场。

好的开场，能立刻吸引观众的注意

一段关于旅行的故事，光看标题就知道是有些富裕的医生，意图低调呈现豪华精致旅游的从容。2017年冬天，大仁哥在社交软件上不时晒幸福，他带着一家四口到北海道，每天山珍海味，妻"闲"子"笑"，让我们这些还在上班的朋友在用餐时刻都想封锁他的社交软件。打从第一张幻灯片开始，就是个让人羡慕的起点，不只幻灯片不用自己做，就连内容都要让人眼红。

他说了从旭川到稚内的故事。一家人到了旭川，午饭也没吃，一心想着到了稚内再大快朵颐。只是进了旭川车站，时刻表上却找不到前往稚内的车。站务人员看出了他的焦急，讲了一串日文却明白是鸡同鸭讲后，拿起随身纸笔写下旭川沿路经过的车站与时间的纸条给了大仁哥，并提醒他这是末班车了。一上车，他想着找到座位就能安顿两个年幼的孩子，哪里知道车厢内人潮汹涌挤得密不透风，为了老婆和两个孩子，他心想怎么样也得走到下一节车厢，让他们至少有个能好好站着的立足地。放眼望去，没有，没有下一个车厢，就这样一家人腿酸脚麻地站了将近两小时才到名寄站。

到了名寄站，有了空位，他们赶紧找位置坐下，哪里知道身边坐着的人陆陆续续下了车，一会儿的工夫，车上只剩下他们一家人喜滋滋地感受"独霸"车厢的尊荣。突然，车厢外有个戴着毛线帽的阿姨比手画脚地要他们赶紧到对面站台换车，火车停靠名寄站只有4分钟，约莫1分钟后，车就要再度启程。大仁哥带着老婆和两个幼小的孩子，推着两大箱行李毫不犹豫地冲向对面站台，双脚刚踏上车厢，车门关上了，他才发现自己心脏狂跳不已。

全场除了大仁哥还算冷静，其他人早已笑得合不拢嘴，一直要到笑声停止，大仁哥才能继续讲述他的家庭旅程。

情节转折，带领观众深入故事

终于能在车上稍事休息，到了音威子府，他想这回一定要跟上大家，车门一开，率先带着老婆与两个小孩，推着两箱行李坚定地跟着前面的旅客往前走，气喘吁吁地暗自庆幸这次跟上了大家。哪里知道戴着毛线帽的阿姨追上他们，又比手画脚地问他："住哪个饭店？"她告诉大仁哥去稚内不需要下车，原班车就能抵达。足智多谋的大仁哥再度失策，我看到一旁的Eva笑到眼泪都流出来了。

大仁哥又匆匆带着老婆与小孩，推着两箱行李回到车上，一家人筋疲力尽，才刚找到位置，3岁的小儿子马上跟爸爸说肚子饿，大仁嫂椅子还没坐热，随即翻随身行李找食物。5岁的女儿也说："爸爸，人家也好饿。"夫妻俩才发现身上连吃的也没有。天无绝人之路，旁边一位带小孩的妈妈，拿出了两个红豆面包分给了他们。当诚恳的大仁哥说出原本打算要到稚内吃帝王蟹大餐，却只能在车里吃着日本当地的红豆面包时，他也无奈地陪着我们笑。

原定7点49分到稚内的车，几经波折，出了站，两大两小的身影在寒风中有气无力地走着，到饭店已经10点了。全场笑声不绝于耳。故事若是在此处戛然而止，在观众的记忆里这将会是个很好的幽默有趣的故事。

初衷结尾，引起观众的共鸣

大仁哥收起了笑容，感谢戴着毛线帽的阿姨告知要转车，感谢带着孩子的妈妈分享红豆面包，"全家没被丢在无人车站，也没饿死，因为受人帮助"，这样的体悟让他一肩挑起了"刘大潭希望工程关怀协会"举办的第三届"说出生命力"总召集人的重责大任，"金钱是努力的奖励，而不是生活的目的"，在接下来的日子里更是打造了一支强大的辅导团队，汇集更多人用各自专长帮助身心障碍者说出自己的生命故事。

今年，他的步子迈得更大了，希望减少医疗纠纷，医护不再被告，回归医疗初心，举办十场公益巡回演讲，从台湾头讲到台湾尾，希望借由行动的力量，让生活更好！听完之后，我旁边的Eva又哭了，我问她："为什么又哭了？"她说："可以把一个原本看似笑话的故事转化为行动的力量，这也太会说了。"故事的后劲才是最迷人的，大仁哥找到了志同道合的伙伴——潜水教练陈琦恩与安宁缓和医师朱为民，分别宣扬"捡塑不如减塑"与"安宁照护"的理念，共同为更好的明天而讲。

点出故事初衷的好处

说故事如果只是说故事，就会少了余韵。说完故事之后，加上原本想说这个故事的初衷，能有以下几个优点：

1.把个人的故事与观众联结，扩大影响。

2.唤起观众隐藏的热情并化其为具体行动。

3.找到志同道合的伙伴，可以走得更远。

谢谢大仁哥的故事点燃了我帮助他人的热忱，就让我先为这个美好的故事留下记录，并送给每个有故事想说的人一个重要的提醒，记得在故事最后加上你行动的初衷，它将强而有力地在观众心中埋下一颗良善的种子。

点出初衷，唤起观众行动力的三个好处：

1.把个人的故事与观众联结，扩大影响

2.唤起观众隐藏的热情并化其为具体行动

3.找到志同道合的伙伴，可以走得更远

如何让故事发挥续航力
选对题材，持续发挥故事的影响力

进行机会教育最好的方式就是说个与事件相呼应的故事。遇到问题别急着生气，想想有什么故事可以帮助你摆脱困境。

对我来说，带班就是带领一个团队。我的团队成员都是17岁的年轻人，若说3年一代人，那我们中间就横亘着不同观念还有习惯的巨大代沟。带班带得好，老师才能发挥影响力。

我经常受邀主讲"班级经营"的讲座，老师们总会跟我说学生一年比一年难带，以前的学生就算有主见也能尊师重道，言语恳切地与老师沟通；现在的学生意见多，不守常规，我行我素又个性鲜明。前者我无缘见到，我任教职时接触的多半是后者，老师们对于年轻一代的形容，我格外有感。这时候，我会问老师们一句话："您会想转行吗？您转行之后打算从事哪一行？"老师们没预料到我这么问，霎时间静了下来。我教老师们说故事来解决教学困境。

取消责罚，发挥故事魔法力

我对班上这些年轻人的基本要求很简单：不迟到、不早退。

2017年，教师节的前一天，第8节历史辅导课，历史老师派了课代表到办公室找我："仙女，历史老师要你到教室看一看。"201教室里，放眼所及，空了十几个座位，将近三成的学生不见了。不只历史老师傻眼，我也不明白学生怎么就这样逃课了，才开学不到1个月，学生还在"观察期"，不是应该要"安分守己"才是吗？

逃课不是学生个人的问题，它会让班级产生破窗效应，很快就会出现两种状况：一是阳奉阴违。学生认为任课老师不跟班主任讲，就可以自由地逃课，反正只要语文课全班到齐，反正只要全班讲好不密告班主任，就还是个表面乖巧的班级。二是风气败坏。不逃课的学生看到逃课的学生这么多，从而效尤，尝试第一次，就有第二次，他们的想法都是：我逃课了，你记我旷课就好啦！又不是做坏事，有什么不可以。此风不可长，不然班级学习成绩将每况愈下。

隔天，我一打开教室的门，班上没开灯，暗暗的，我听到了淯腾的吉他声与全班的歌声，学生能记得教师节让我红了眼眶，更何况还有一张全班合写的很大的卡片，我轻而易举地被学生征服。学生应该对我有好感，只要我用对了方法，就能借力使力把学生对逃课的认识提高到全班高度，而非个别学生问题。我平静地说："昨天好多人第8节历史课不在教室里，我想知道昨天第8节课在教室里的同学有什么想法？"学生们分组在白板上写下自己的感想。

第一组："我看着班上一个个空位，觉得很不公平，为什么他们可以开心地去看球赛，我们却要在教室里面对冰冷的课本？所以，知道他们被抓到了，心里有点开心。"

第三组："有人错愕地问：'什么？你们要走吗？'有些人交头接耳：'这是逃课吧？'老师上课的语气轻快如常，我却觉得这是开学以来最沉重的一节课，顿时有股莫名的罪恶感。"

第六组："看到历史老师和仙女一前一后地走进教室，脸色不是很好，我隐约猜到发生了什么事。心里有些不平衡，我也好想回家休息，做自己喜欢的事，当时却只能在教室里看着这一切发生，想要装作自己什么都不知道，但没办法……"

没逃学的学生写下了心中所想，逃课的学生应该早已准备好关上耳朵，等着身为班主任的我破口大骂，然后他们左耳进右耳出，仍然无动于衷。

提升故事高度，挫折、荣耀从不只是个人的事

我说了个韩愈为什么要写作《师说》的故事：唐代门第观念深重，门第之家的子弟，不须依靠科举考试，便可以进入仕途，所以总是轻视道德学术，不肯虚心从师学习。这在当时形成了一种风气，对于社会文化的传承有许多负面的影响，韩愈因此提倡尊师重教，想要重振社会学习的风气。"闻道有先后，术业有专攻"引来多少批评的声浪？我语重心长地要没有逃课的学生请继续坚守不逃课的原则，逃课的学生认识到自己的错误，申明201的班风有赖团队的共同建设。

韩愈的故事学生会不会记得？应该会，考试会考，这倒是其次，我最希望毕业后学生记得的是"开风气之先"。

1000多年前的韩愈为社会风气而努力，现代人又为自己、为社会做了哪些努力呢？

2017年10月，全班经常去为参加班际篮球比赛的本班篮球队加油，最后我们班男篮获得冠军，女篮获得季军。

冠军赛那天，丽文写道："星期四中午几乎所有人都去看了男生的四强赛，最后靠着孟霖的两个三分球成功地逆转取胜。就在赢的那一刻，全班人冲到球员身边围成一圈边跳边转，就像陀螺一样，那一幕最令我印象深刻，也是最令人感动、最能展现我们班向心力的一刻，大家都跳着、转着、笑着，超级开心。"篮球比赛不应只是球员的事，而应是全班的事。

同一个月，全班站上舞台帮淯腾评选优良学生，最后淯腾获得全校优良学生的殊荣（全校仅两名），并接受市长颁奖。淯腾写道："我自己写了首歌，在台上的时候，全班同学跟着我一起尖叫，一起狂跳，一起带动全场的气氛。其实一开始我根本没有想过全班都会配合我，大家都会这么挺我。"优良学生选举不应是优良学生本人的事，而应是全班的事。

当年12月，我们班在高二英文说故事比赛中得到最佳团体奖。怡君写道："比赛上台时比平时练习的每一次都还要成功，站在后面的每一个人都努力喊出最大声，好像在给予前面演讲的主要演员们更多力量一样。那时候的我们气势磅礴，就像要把天花板掀翻了一样，在那一刻我们很耀眼，在那一刻我们很团结，在那一刻我们真的是个大家庭，我们是201。"

201班风俨然成形，团队中每个人都是重要的成员，不可或缺。

让故事发挥续航力的方法

1.为故事做铺垫：先让观众讲出自己心中的想法，为故事情节进行铺垫。说故事的人再搬出准备好的故事，顺势而为，让观众化身为故事中的主角。

2.单一故事核心：从事件当下可以预见的危机中，找出最迫切需要解决的难题，用故事核心直指问题。单一核心可以避免团体成员各自接收到不同信息，导致效果打折。

3.讲成功的案例：失败的案例让人觉得沮丧，尤其遇到困境时人容易退缩。成功的案例才能让人有往前的动力，有参考的指标，相信努力后是有可能有收获的。

不只青少年，大部分的人明知不该犯错，但碍于面子，不肯承认，这时进行机会教育最好的方式就是说个与事件相呼应的故事。下次遇到问题时，先别急着生气，想想有什么故事可以帮助你摆脱困境、解决问题才是根本。

三种方法，让故事发挥续航力：

1.为故事做铺垫

2.单一故事核心

3.讲成功的案例

如何找到故事的价值
重复检视，找到故事的价值

说得太多太杂，观众也记不住，倒不如好好把主轴说清楚。找到故事的价值。价值让故事像钻石，耀眼夺目。

第一次跟韵萍见面是在兴隆路的星巴克，我们并不熟悉，纯粹因为她是我"故事魔法力"课程的学员，课堂上要举办一个说故事比赛，为了教她说好她的故事，才有了这次的见面。我对她的认识就从第一杯咖啡揭开了序幕。

简单生活处处有故事

1小时的见面时间，简单寒暄之后，直接切入正题。她说她工作很忙，在科技行业从没准时下班过，女儿在托管班几乎都是最后一个离开的，她对女儿非常愧疚。接着话锋一转，讲到父亲爱吃甜食，又爱吃肉，如果在外面吃饭的话，刈包、卤肉和红豆汤就是父亲的主食，没有蔬菜，没有水果，不管韵萍怎么提醒，父亲依旧如此。

还有一件让韵萍担心的事，父亲七十几岁了，还喜欢开着车四处逛，甚至开车绕大半个台北市只为了送两颗苹果给住在南港的自己，沙发还没坐暖就急着想走。韵萍好多次要求父亲留下来多聊聊，说水果她可以自己买，父亲跟外孙女说了几句话就自顾自地往门口走，说要赶回新庄。

在台东的弟弟添了第二胎，全家欣喜若狂，父亲住到弟弟家，帮忙照顾新生儿。韵萍发现父亲那阵子变得好憔悴，也变瘦了很多。她劝父亲回台北，让弟弟请保姆照顾小孩，因为这样跟父亲起了争执，父亲急着说弟弟上班很辛苦，家人应该要互相帮忙。

感同身受，发现重点

3个月前，韵萍认识十几年的推拿师的父亲去世，韵萍去主动关心他。推拿师说起以前和自己父亲的互动，说自己那时候对父亲很不耐烦，觉得父亲年纪大了，很固执，怎么都不听孩子的劝，还帮自己打扫家里，他很担心父亲的身体承受不住，愈说愈生气，口气也愈来愈凶。推拿师现在觉得很后悔也很寂寞。面对死亡，韵萍的眼泪掉了下来，她沉默了好一阵子才说："原来我心里一直在害怕着，哪一天爸爸会离开我。"

我很喜欢韵萍的故事，她没有自信地问我："这不会太琐碎吗？"这就是人生的缩影啊！我每次回娘家，妈妈都会做一大桌的菜，把饭给我盛得满满的，这一大桌菜吃不完的就让我带回家，其他的让我带走的水果更是有三四种，有些时候，水果就这么放到烂掉，我可以想象韵萍的"负担"，这是现在忙碌社会中很难解的亲子课题，也是高龄化社会无可避免的"冲突"，韵萍的故事会引起共鸣的。

找到故事的价值

我问韵萍："身为高级主管的你，为什么要说这个故事，这个故事的价值在哪？怎么不考虑以职场经历作为故事主轴呢？"

韵萍回答我："我也不知道要说什么，觉得最近很烦恼的就是爸爸的事情，干脆就说这件事情好了。"

我依序给了韵萍三个方向：

1.先删去：把故事的人物、事件记录下来，最多留下三个人物和三个事件，其他全部割舍。她紧张地问我："这样故事不会太单调吗？"一般人说故事，说得太多太杂，观众也记不住，倒不如好好把主线说清楚，简要为上。

2.做笔记：用有色笔在演讲稿空白处写下最想讲的内容，想到什么就写下来，就像听课做笔记一样，挑自己想要的写，尽量多写，写完之后，笔记合起来，问自己还记得什么。

3.看改变：找出主角的改变。韵萍眼睛雪亮地说："我跟爸爸在餐厅吃饭时，爸爸点他爱吃的肉，我点我爱吃的青菜，爸爸自己夹肉，我帮爸爸夹菜，爸爸竟然就把菜吃下去了，而且他脸上没有不高兴的表情。"改变就是价值。

人生没有平衡，只有取舍

我与韵萍多次修正她的故事，她把弟弟的部分删去了，留下她自己、父亲与推拿师三个人物，场景在家里、诊所与餐厅，缩小范围之后，她的故事有了她的样子，我记得比赛当天她相当沉稳，故事最后发人深省：

"当我们对家人愈无私地奉献、愈努力地付出，那种对家人离开的害怕就会愈来愈轻微。到最后……我们只会记得满满的爱。"

韵萍得到第二名，她拿着奖杯跟我说："仙女老师，我从小就不敢上台说话，就连工作之后做汇报也都是因为工作需求才上台的。今天这场演讲改变我好多，就连平常在办公室最爱跟我聊天的小徐都说我进步很多。"

故事的价值终会得到验证

课程结束后一段时间，通信软件上出现了韵萍传给我的信息："在开课前两个月，公司业务经理离职，老板一边跟我要业绩，一边又批评我办事不力。我还要自己写电子邮件说出自己有多差，写不好要再写。我害怕失业，也不敢对抗这些不公平的指控，只能想办法委曲求全地沟通，崩溃了很多次，只有家人们知道我的眼泪和压力、绝望和迷茫。他们也被我影响到情绪失控，一样无助。爸爸也劝我要放宽心。我努力地学静坐、上心理学课程、运动、读书、思考、写故事、说故事。用尽一切努力让自己不致被打倒，继续忙碌地在工作和家庭中燃烧。"

1个月后，韵萍收到老板发的电子邮件，流利的英文和冰冷的内容显示公司要韵萍离开。面对即将被公司资遣的状况，韵萍给我的响应是："上完这堂课之后，我才真正体会到仙女老师你跟我说的故事的价值，原来我最在乎的是我的父亲，我希望我们都能没有遗憾。工作再找就有了，而家只有一个。"

价值让故事像钻石，耀眼夺目。

三个步骤，找到故事的价值：

1.先删去

2.做笔记

3.看改变

Chapter

故事结构力 *2*

说一个有结构的好故事
从电影预告中学习如何搭建故事结构

电影的本质就是讲故事，而且电影直接把画面给你，让你身临其境，看电影是学习说故事的方法之一。

在指导学员说故事时，学员最常犯的一个错误，就是以为自己的经历很有趣、很特别、很有深度、很能感动人。但是，最后说出来的故事缺乏结构，毫无章法，只感动了自己，却无法感动别人。

不相信吗？让我们来做一个练习，如果要你说一个"阿姆斯特朗登陆月球"的故事，你会怎么说呢？

找出结构，让故事更完整

我最常看到的说故事方式，是这样子的：

"大家好，我今天要说一个有关阿姆斯特朗登陆月球的故事。阿姆斯特朗是我从小的偶像，他是一个航天员，也是第一个登上月球的人类。他真的好棒。他从小就立志成为一个伟大的太空人，经历了千辛万苦，他终于完成了儿时的梦想，成为一个杰出的航天员，他的太太更是他事业之外家庭的支柱。他在踏上月球的那一刻，说出了一句经典名言：'这是我的一小步，却是人类的一大步。'这句话感动了无数人，也让我成为一个更好的人。谢谢大家。"

大家觉得这个故事如何？好像不错，该讲的都有讲到。但是在我看来，这个故事缺乏一个开头，中间没有转折，最后收尾也收得不好。那么，要怎么样会更好？

从电影预告中学习如何搭建故事结构

我是一个非常喜爱看电影的人，也写过很多跟电影有关的文章。电影的本质就是讲故事，而且电影直接把画面给你，让你身临其境，看电影是学习说故事的方法之一。只是，电影很长，有时候，我们不妨从电影预告来学习说故事。

一般的电影预告，不到3分钟，但是多半都可以把故事的大概讲完整，所以非常适合从中学习说故事的技巧。

2018年，有一部关于阿姆斯特朗的剧情电影《登月第一人》，由大导演Damien Chazelle（达米恩·查泽雷）执导。你会发现，短短的预告需要呈现出故事的全貌，所以每一句话都是有意义的。让我们来看看这段影片中的对话（也可以搭配影片一起看，效果更好）：

第一段

长官："尼尔，大家都同意，我们需要你担任指挥官。"

长官："你要去月球。"

同事："首位登陆月球的人类，那一定很精彩。"

主角："你确定吗？"

太太："这是一场冒险。"

儿子："妈，怎么了？"

太太："没事，小乖乖，你爸要去月球。"

第二段

长官："我们的任务极度艰辛，需要大量先进的科技研发成果。我们必须从头开始。"

同事："那玩意儿有够大的。发射它时，就像引爆一枚原子弹。"

同事："尼尔，我们有了麻烦，火箭并不安全。"

记者："你先生还活着吗？"

太太："我不确定我能承受多少，尼尔。"

长官："发生一场严重火灾，我只能痛心地告诉你，他们都死了，尼尔。"

主角："我们必须在地球上经历失败，才能换取登陆月球的成功。"

长官："但要付出什么代价？"

主角："现在问这问题未免太晚了吧，长官？"

太太："尼尔，这可能是孩子最后一次见你。"

技师："谁有瑞士军刀？"

同事："瑞士军刀，你在开玩笑吗？"

儿子："你认为你回得来吗？"

主角："我们绝对想要安然返回地球。"

儿子："但是你们可能回不来。"

儿子："祝好运。"

第三段

同事："10、9……点火程序开始……6、5、4、3、2、1，升空！"

主角："我们遇到了很严重的问题。"

长官："一切都在掌握之中。"

太太："你们什么都无法掌握！"

同事："怎么回事，尼尔？"

（影片预告在登陆月球的一瞬间结束。）

结构分析练习，懂得分析才能学会运用

看得出来这个预告是如何搭建故事结构的吗？让我们来解析每一段内容：

第一段：起

"尼尔，大家都同意，我们需要你担任指挥官。"——主角的名字与职位。

"你要去月球。"——远大的志向。

"首位登陆月球的人类，那一定很精彩。"——崇高的目标。

"你确定吗？"

"这是一场冒险。"

"妈，怎么了？"

"没事，小乖乖，你爸要去月球。"——家人的支持。

第二段：转

"我们的任务极度艰辛，需要大量先进的科技研发成果。我们必须从头开始。"——任务的困难。

"那玩意儿有够大的。发射它时，就像引爆一枚原子弹。"——潜在的风险。

"尼尔，我们有了麻烦，火箭并不安全。"——任务的困难。

"你先生还活着吗？"

"我不确定我能承受多少，尼尔。"——家人的压力。

"发生一场严重火灾，我只能痛心地告诉你，他们都死了，尼尔。"——同伴骤逝。

"我们必须在地球上经历失败，才能换取登陆月球的成功。"

"但要付出什么代价？"

"现在问这问题未免太晚了吧，长官？"——两难的抉择。

"尼尔，这可能是孩子最后一次见你。"——家人的压力。

"谁有瑞士军刀？"

"瑞士军刀，你在开玩笑吗？"——任务的困难。

"你认为你回得来吗？"

"我们绝对想要安然返回地球。"

"但是你们可能回不来。"——失败的风险。

第三段：合

"10、9……点火程序开始……6、5、4、3、2、1，升空！"——任务的起点。

"我们遇到了很严重的问题。"

"一切都在掌握之中。"

"你们什么都无法掌握！"

"怎么回事，尼尔？"——过程的艰险。

（影片预告在登陆月球的一瞬间结束）——任务顺利成功。

用结构力六字诀，说一个架构完整的流畅故事

看出端倪了吗？基本上，看过预告片之后所有人都知道了阿姆斯特朗登月故事的大概，也知道他最后成功登上了月球。但是这样一个耳熟能详的故事，仍然可以具备"起、转、合"的结构，设计出高低起伏，充满困难、克服与感动的情节，成为一个吸引人的好故事。

若是在"起、转、合"的结构之外，再搭配故事的开头、联结观众经验与观众的行动，就是一个架构完整的流畅故事，那么可以得出故事结构力的六字口诀：开、起、转、合、联、动。

只要一个故事，这六个部分都具有，那么它必定是一个拥有完整架构的流畅故事。接下来，让我们一一来解析，实际在自己的故事当中，这六个要素该怎么使用！

· ·

故事结构力六字诀：

开、起、转、合、联、动

· ·

开：好故事该如何开场
好的开场造就成功的演讲

好的故事开场，不仅可以让观众快速认识你，吸引观众的注意力，也可以让观众更快融入故事氛围。

好多人想要把一个故事说好，却往往一开场就扣了分。举例来说，如果我们今天要说一个"霸凌"的故事，最常犯的错误是什么？以下举几个常见的例子。

"大家好，我今天要讲一个霸凌的故事。这件事发生在我的学生身上，是一个好可怜的故事。"一开始就说你要说什么故事，而且把故事的细节和情感都说了，故事出来就没有惊喜感了。

"大家好，我很高兴可以来这里为大家说故事，真的很荣幸。其实我跟校长是好朋友，他长期关注学校霸凌的议题，是我们教育界的伟人。"跟主题无关的开场白讲太多，特别是一些客套话，台下观众容易进入昏睡状态。

"大家好，我……真的很开心可以来这里分享我的故事……今天要讲的是一个霸凌的故事，老实说……我自己也没有什么接触霸凌的经验……但还是想要试试看，非常感谢主办单位给我这个机会。"一开始就表明你并不是相关议题的专家，无论你说了多精彩的故事，观众都会怀疑故事的真实性。

以上的例子，看起来是不是很熟悉？

好的开场，带领观众进入氛围

我们都看到过这些开场的错误，甚至可能自己就曾经犯过这些错误。那么，该怎么做？我们来看看仙女老师在TED×Taipei，China的开场：

"我是个高中老师，今天要说两个故事。第一个故事发生在2014学年。特教组问我：'余老师，身心障碍学生凯安安置在你的班上好不好？'所谓身心障碍学生不是肢体障碍，就是心智不成熟。唉！我想请问各位两个问题：第一个问题是，您愿意您的孩子跟身心障碍学生同班的，请举手。谢谢大家，请放下，大部分的人是愿意的。第二个问题是，您愿意您的孩子是身心障碍者的，请举手。没有人举手，显然这不是我们生命当中的选项。"

看得出来仙女老师用了哪些开场方法吗？一个好故事，若能搭配一个好开场，有三个好处：

1.让观众在很短的时间内就知道你是谁和你与主题的关联性。

2.通过简单的操作，把你要讲的主题的重要性植入观众心中。

3.通过互动，让观众很快能融入故事的氛围，避免分心。

这些，仙女老师都在短短30秒的开场当中做到了。这其实不难，经过训练后每个人都做得到。

好故事的开场方法有四种，以下分别举例说明。

肢体号召——举手法

举手法是最简单，也是最容易能够唤醒观众注意力的方法。通过问问题与观众互动，不仅让观众先在脑中思考一遍跟主题有关的问题，让他们自动自发地将自己置入故事的情境，同时也运用"举手"这样的肢体动作，赶跑手机、平板等会令人分心的事物，使观众注意力更集中。再来，还可以制造场面热闹的效果，让不想听的人也想专心听一下了。

但是，举手法表面上看起来简单，内涵却不简单。我看过太多因错误使用举手法，反而造成反效果的例子。这里给大家提供使用举手法时应掌握的要诀。

1.问题要直接、简单、描述清楚

举例而言，如果仙女老师一开始问："您愿意您的孩子跟身心障碍学生同班吗？"之后停下来等观众回答，而没有说"请举手"的话，可能有的人会举手，有的人不知道要不要举手，就无法达到预期效果。

2.不要问反向问题

举例而言，如果仙女老师一开始问："不愿意您的孩子跟身心障碍学生同班的，请举手。"这样的话，观众一定大部分都选择不举手，失去了互动的意义，原来看手机的还是继续看手机。要注意，举手法不是在考观众对不对或是会不会，而是营造一个思考的空间，同时创造互动的机会。

3.请观众举手，自己的手要先举起来

有一句广告名言："要刮别人的胡子之前，先把自己的刮干净。"同理，在请别人举手之前，讲者要先把自己的手举起来！讲者先举手有一个示范的作用，告诉观众"如果你也同意，就可以跟我这么做"。如此，观众就不自觉地跟着照做了。

实物辅助——道具法

我非常欣赏的另一位说故事高手，经营"陆爸爸故事馆"的陆爸爸——陆育克，在TED×Taipei，China的开场上，他不仅自己冲出来，而且手上还拿着一个玩偶，就这么一边操作玩偶一边用玩偶的口吻说："哈哈哈哈哈！哎呀！今天陆爸爸没有空来说故事，他太紧张了，结果他在家里面，头痛、鼻子痛、眼睛痛、嘴巴痛、全身都痛……哈哈哈哈哈！"陆爸爸这样出场，全场都笑了。在故事一开始的时候拿出一样道具，营造了非常吸睛的效果。观众会想："那是什么？好像跟一般的故事不一样呢！"观众就不自觉地提高了自己的专注程度。同时，好的道具也可以间接介绍自己，就像陆爸爸一样。

开场使用道具，要注意的是，道具一定要和故事有关。讲香蕉的故事，一开始拿番石榴出来，那就搞笑了。道具一定要跟故事有很深的关联，才值得在一开始把它拿出来。曾经有个保险公司的业务员，在他们公司举办的说故事比赛中，一上场，身上挂着七八个运动比赛的奖牌，闪亮亮地登场，他开口说："大家好，我是小陈，我是我们公司今年年度业务绩效总冠军。小时候，我是体操金牌选手，那时我的志向是成为奥运国手。今天，我想跟您分享，我从体操选手变成王牌业务员的人生故事。"大气、自信的开场，搭配道具，观众很快就认识他是谁，以及他要说的故事的方向。

开门见山——自我介绍法

自我介绍也是非常好用的开场方式，很直截了当地介绍你是谁，你的经历是什么，为什么是你站在舞台上，等等，也是我个人非常喜欢使用的方式。我在TED×Taipei，China的开场是这样说的："大家好，我是朱为民，我是一个安宁缓和医师，在安宁病房的7年当中，陪伴过超过500位临终病人，走过人生最后一段旅行。"短短几句话却达到三个目的：首先告诉观众我是谁，我的专长是什么，让大家有一个初步的认识；其次暗示观众我是有经验的，我看过很多临终病人和家属，我很适合讲这个主题，提高观众对自己的信任度；最后，我自己丰富的经历，正好可以跟后面在面对家人生死时的那种手足无措，形成一个鲜明的对比。观众就会思考：连他这么有经验的人都这样无法做决定，那我呢？就会不知不觉地更希望对这个主题有所了解。

仙女老师的开场"我是个高中老师"也具有同样的功能：介绍自己是谁的同时和之后急转直下的剧情也有明显的对比。

直接开场法

除了前面三种主要的开场法，其实还有一种，那就是直接开场法。顾名思义，直接开始说故事，不需要多余的技巧，让观众可以慢慢从故事里认识你是谁，你要说什么故事，说这个故事的意义。直截了当，也是很棒的开场方式。开场只是快速介绍自己，让观众的注意力回到你身上，同时提醒观众"我今天要讲的内容很重要"。真正的重点还是在故事的本质和内容。

四种方法，营造好的开场：

1.肢体号召——举手法

2.实物辅助——道具法

3.开门见山——自我介绍法

4.直接开场法

起：故事的起点决定了一切

三大要素成就一个好开头

故事一开始若没有一个头绪，会让听众一直在想："这个故事到底在说些什么？"愈想愈烦躁，然后就放弃理解了。

一个好故事，就像一部好电影，或一个好剧本一样，一定要有一个开始、一个中间和一个结尾。用我的记忆法，就是"起—转—合"。而这三段之中，"起"是最重要的，因为如果故事的开始就走错了方向，那之后就不知道会走到哪里去了。

好的开头，吸引观众继续听下去

小志是"故事魔法力"课程的学员之一，28岁就担任知名房产中介公司业务经理的他，上课的时候非常认真，也常常举手发问。只是，当第一天课程结束，我收到他交过来的故事录音文件，不禁为他捏了把冷汗。

他的故事是这样子的："大家好，我今天要说一个关于奋斗的故事。我并不是天生的业务人才，一路走来，其实我很感谢我的叔叔、我的妈妈和陈阿姨，他们都是我生命中的贵人。我的叔叔在我人生最低潮的时候跟我说：'来试试看房产中介业务吧！'如果没有他，就没有现在的我。还有我妈妈，她……"听到这里，我默默按下手机"停止播放"的按键。故事一开始若没有一个头绪，会让听众一直在想："这个故事到底在说些什么？"愈想愈烦躁，然后就放弃理解了。好的故事的起点有三个要素，以下为大家详细解说。

故事的灵魂——主角

主角是一个故事中最重要的元素，如果一个故事中不知道谁是主角，那这个故事就很容易失焦，因为听众也不知道要将注意力放在哪里。举例而言，《登月第一人》的主角是阿姆斯特朗，所以电影在一开始，花了一些时间介绍谁是阿姆斯特朗，他的职业是什么，他的家庭背景如何，等等，让观众很容易就进入故事情境之中。

同样地，《哈利·波特》的主角是哈利·波特，故事一开始就叙述哈利·波特住在楼梯间，郁郁寡欢的模样；《狮子王》的主角是小狮子辛巴，故事一开始就描绘出了他如何在众人的期待下成长；《如懿传》的主角是如懿……都是同样的道理。

不过，我们毕竟不是写剧本、拍电影的，我们的故事主角该是谁比较好呢？答案是自己。对于初学说故事的朋友来说，说自己的故事永远是最容易上手，也最能够吸引台下观众的方法。因为听故事的人，永远都对台上的人抱有一颗好奇心："你是谁？为什么你站在台上？"这时说自己的故事，就很容易打动观众的心。

记得把自己放进别人的故事里

我想你一定会问："那如果我想说一个别人的故事，该怎么办？例如，爸爸奋斗的故事、我的恩师的故事、邻居老王弹钢琴的故事……是不是这样的故事就很难吸引人？"

当然不是，说别人的故事也很好，只要是可以感动自己的故事，都是好故事。但是，如果整个故事都在说别人，有一个很重要的技巧，那就是"把你自己放进故事当中"。不要只说别人有多好、有多棒、有多艰苦，还要把你自己在故事中扮演什么角色说出来，从你的视角中如何看这个故事的主角和人生。如此，故事才会更吸引人，且更有深度。

例如，邻居老王练琴的故事，可以这么说："邻居老王到了50岁不知道哪根筋不对开始练琴，他每天到了傍晚就会开始弹琴。一开始弹得不好，但是愈弹愈好，技巧愈来愈复杂，曲目也愈来愈多。后来，他去参加小区钢琴比赛，跟一群小朋友在一起比，他不但不害羞，反而拿到第三名。"这样子说，就是完全用第三人称来叙述的故事，没有把自己放进去。

如果把自己放进去，可以这样说："我跟邻居老王认识十年了，有一天在倒垃圾的时候，他嘴上叼着香烟跟我说：'老朱啊，我最近想开始练钢琴。'我回他：'你神经病吗？工作太闲吗？'他没说什么。但是几天之后，每到了傍晚我在家看电视的时候，就会听到楼上传来钢琴的声音。一开始，琴音断断续续，连不到一起，非常干扰我。我心里想：'老王没事弹什么琴，吵死了。'但是过了几个月，每到傍晚，传来的琴音愈来愈优美好听。不知不觉，我竟然每天都开始期待傍晚的时刻，听听免费好听的音乐。上个月，老王去参加小区的钢琴比赛，最后竟然打败好多厉害的小朋友，得到第三名。我站在后面看着他接下奖牌，真的觉得很激动。"

是不是不太一样呢？

故事的"锚"——时间和地点

时间、地点在故事中的重要性不言而喻，想想看，我们走进电影院看电影，电影开始播放，出现一个人和一只小狗。这时候，我们兴起的念头是："这是什么时候发生的？是现在吗？古代吗？未来吗？""这是在哪里发生的？是家里吗？学校吗？外星球吗？"时间和地点，具有"锚"的作用，让我们明白这个故事处在哪个时空的哪个位置。

我在TED×Taipei，China说的故事，开场自我介绍过后，我说的是："2013年，我父亲81岁，一天早上……"这里清楚告诉观众，这个故事是2013年发生的，而且那时讲者父亲81岁。这个时候，观众脑中的意识就会不停翻动：2013年？那时我在做什么？我那时几岁？他爸那时已经81岁了呢！好老呀！我爸那时才50岁。朱医师这么年轻，他爸一定很晚才生他……就这样简简单单一句，时间、地点加年纪，就可能引动观众想到当时的自己、自己与父亲的关系、自己与讲者的年龄差距……不知不觉就让观众被故事牵着走。仙女老师故事的开始，也是一样："我是个高中老师，今天要说两个故事。第一个故事发生在2014学年。特教组问我：'余老师，身心障碍学生凯安安置在你的班上好不好？'"2014学年这个时间就是"锚"。

故事的方向——主角的志向或目标

说了主角、时间、地点之后，还要说一个主角的志向或目标。志向或目标，是故事发展的方向。每一个观众都想知道主角在想什么，主角要往哪里去。这个是在故事一开始就可以叙述的。

电影《登月第一人》的主角阿姆斯特朗，在故事的一开始，画面是他一次失败飞行的场景，之后的画面是他低潮时郁郁寡欢的样子，让我们知道，阿姆斯特朗希望成为一个好的驾驶员。刚刚说的邻居老王的故事，"我跟邻居老王认识十年了，有一天在倒垃圾的时候，他嘴上叼着香烟跟我说：'老朱啊，我最近想开始练钢琴。'"告诉我们老王想把钢琴练好。我在一个私人的场合用8分钟说了父亲生病故事的另一个版本，一开始我这样说："2013年，我那时候真可以说是一帆风顺。生活方面，前一年刚新婚，度蜜月，非常甜蜜；工作方面，刚结束住院医师规范培训，还准备继续进修，那时真可说是意气风发。"之后才开始叙述父亲生病，全家愁云惨雾的画面。

故事一开始把主角的志向或目标说出来，有两个作用：一是让观众有一个预期心理，明白故事是有方向的，但也隐隐地觉得之后会发生一些事；二是等到后面故事的转折真正出现，前面的志向或目标会变成之后转变的伏笔，或是隐藏的希望，可以提升故事的深度。所以下一篇，我们来谈谈，故事的转折要如何营造。亲爱的朋友，如果你想说一个故事，会把谁当作主角？发生在什么时间、地点？主角一开始会有什么志向或目标呢？写下来，你会发现你的故事架构正慢慢成形！

故事开头必备的三个元素：

1.主角：故事的灵魂

2.时间和地点：故事的"锚"

3.主角的志向或目标：故事的方向

转：有转折，才有精彩的故事

情节高潮迭起，故事更有力道

善于运用转折，让你的故事高潮迭起！然而故事不是只有转折就行，最后的收尾才是大家期待的。

故事的转折，通常是故事的核心，也是故事中段承前启后的关键。因为一开始若叙述了主角远大的志向和理想，中段的挫折正好映衬了实现理想的困难，尾段困难的克服才更显得珍贵和伟大。

从经典故事中看转折的作用

你一定听过或看过以下几个精彩故事。

《超人》：超人神猛无比，希望救助人类于生灵涂炭之中，但遇到氪石就会失去力量。

《狮子王》：小狮王辛巴是王位继承人，但

是父亲惨遭叔叔背叛被杀死，自己还被误认为凶手，只好流落他乡。

《指环王》：魔戒远征队组成时意气风发，但是却被索伦大军打得溃不成军，远征军解散，成员四散各方。

《蝙蝠侠》：蝙蝠侠是低调的超级英雄，致力于打击犯罪，但是小丑的出现，抓住了他人性的弱点。

这些经典故事有什么共通之处？答案是，情节的转折非常剧烈且深刻。想一想，如果超人零弱点，战无不克，攻无不胜，每天只要披上披风就可以救好多人，这样的故事好看吗？如果小狮王辛巴从小就养尊处优，长大后很顺利地就登上王位，统领动物世界，这样的故事好看吗？如果魔戒远征队在远征过程中一路都没遇到敌人，轻轻松松地就把魔戒丢到末日火山里毁灭了，这样的故事可能没办法拍三部，只能拍一部。实现故事情节的转折通常有四种要素：缺陷、对手、冲突、困难。

丰富内容的要素——缺陷

顾名思义，"缺陷"是指先天的弱点或不足，通常以身体或心理的残缺来表现。举例而言，大家都熟悉的《海伦·凯勒》的故事中，海伦·凯勒一岁半的时候因猩红热而失明和失聪，正因如此，更显得她日后成就之伟大；《超人》也是一样，若超人所向无敌，故事就乏味无趣，正因超人接近绿色氪石就会气力全失，才更增加了故事的可看性和精彩程度。

仙女老师的女儿安安是患有脑性瘫痪的孩子，正因有这样先天的缺陷，所以安安遭遇了校园霸凌，也连带影响仙女老师对待安安的态度。她曾在演讲时说："第二个故事的主角是安安，安安是个患有脑性瘫痪的孩子，大家有想过患有脑性瘫痪的孩子几岁会走路吗？我们来看看安安学走路的画面……安安12岁了，她还不会走路，她现在坐在台下听她妈妈的演讲。"正因这样的缺陷带来的困难，才更让之后仙女老师对待学生的态度显得弥足珍贵。

凸显张力的关键——对手

不管你拥有多少资源，永远把对手想得强大一点。

所有的经典故事，主角几乎都有对手的存在。举几个最常见的例子：

刘备—曹操

孔明—周瑜

甄嬛—年世兰

小红帽—大野狼

阿拉丁—贾方

蝙蝠侠—小丑

复仇者联盟—灭霸

正因有对手的存在，才能够激发我们的潜能，磨砺我们的心志，让我们勇于面对更多痛苦和困难。当然，在现实生活中，这样充满戏剧性的对手并不常见，但是还是会有人可能成为你的充满戏剧张力的对手。

有一次，在一个说故事比赛当中，怡嘉说了一个关于她过去老板的故事，她是这样说的："我老板的每份公文或签稿，都要改个好几次。我手脚很快，马上改完又送进去，然后又再度被改。我当时心想：你要不要一次改完啊？想法老是改来改去，三心二意的。他一下子要将'之'改成'的'，一下又将'的'改成'之'。还有标点符号也是老改，一下逗号，一下句号、分号，还有感叹号。当时的我，心里不知骂他多少次，觉得他好讨厌、好啰唆。"这是不是很不讨喜的典型老板？但是，在之后的故事当中，怡嘉才说到她之后回想，她现在行政工作会这么成功，多半都是来自当时老板的指导。当时严格要求的老板，成了一辈子的贵人。通过这样"本来是对手，后来变成贵人"的对比，显现出情绪的起伏和心境的转折。

贴近现实的素材——冲突

这几年听了很多故事，"冲突"是大家在故事中段处最常用的转折。家人之间的冲突、理想与现实之间的冲突、自己内心不同想法之间的纠葛与冲突……现实社会中我们几乎每天都会遇到冲突，因此从冲突中寻找好故事是比较容易的。

我在TED×Taipei，China的舞台上说的故事核心正是关于冲突的，来看看我当时怎么铺陈我内心的纠葛："急诊室医师问我妈妈：'伯母，伯父的状况有生命危险，如果病情有变化，你要让他接受插管、电击那些急救治疗吗？'我母亲泪眼汪汪、六神无主，转过来问我：'你说呢？'"

"那一刻我记得很清楚，急诊室很吵，隔壁床的病人正在急救，心跳监视器'哔哔哔哔'的声音不断传过来……当时，我做了一个至今我仍然后悔的决定，我跟我妈说：'妈，我不知道，你决定吧。'我是一个安宁缓和医疗医师呀！我每天的工作就是问末期病人，要选择什么样的医疗，但是当今天主角变成了自己最亲的人，我反而不敢做决定，还把责任推给我的母亲。我很难原谅自己。"

身为安宁缓和专科医师的我，面对父亲生死关头的急救选择，仍旧没办法做决定，还把这个责任推给妈妈，这中间有很大的冲突。正因这样的冲突，台下观众会想："连他这么有经验的医师都没办法做决定，那如果是我的家人遇到同样的状况，我怎么办？"因此就一步一步地愈来愈专心听下去。

高潮迭起的要点——困难

有时候，除了冲突，主角的理想与抱负也会让他面对很大的困难和挑战。比方说，阿姆斯特朗的梦想是登陆月球，这是一个困难度极高的挑战，中间充满了重重阻碍。

《指环王》中的魔戒远征队历经了重重关卡，依旧被打得七零八落，这也是困难与挑战。

我的学生——从事房产中介业务的小志，在故事中这样叙述他面对的困难："还记得有次拜访一位老板时，老板知道我博士毕业后，他说：'小志，你是不是脑袋坏掉了呀？读到博士，跑去卖房子。'大学同学、研究所的学长学姐也都非常冷漠，甚至开玩笑说：'如果要去做房产中介，当初干吗要这么认真写论文？'被泼了许多冷水。"

这是年轻人常遇到的困难，小志用非常细腻写实的口吻说出来，当场就让大家感同身受。正因如此，当小志后来娓娓道来他是如何挺住这些酸言酸语，成就自己在房产中介产业的一片天空后，我们更能感受到他的成就有多么不容易。

因此，故事不是只有转折就结束了，最后的收尾才是大家期待的。接下来我们会谈到故事如何结束。亲爱的朋友，决定了故事主角、时间、地点以及主角志向或目标之后，你的故事主角会遇到哪些缺陷、对手、冲突与困难呢？写下来，你会发现你的故事会高潮迭起！

故事转折的四个方式：

1.缺陷：丰富内容的要素

2.对手：凸显张力的关键

3.冲突：贴近现实的素材

4.困难：高潮迭起的要点

合：故事有开始，就有结束

清楚的结尾让故事圆满落幕

故事的结尾非常重要，特别是在前面转折已经铺陈好的状况下，如果没有说出结局，听众会有一种怅然若失的感觉。

故事有开头，有中段，当然要有一个结尾。你一定会想，这不是废话吗？但是，很多人做不到这一点。

好的开头与转折，更令人期待结尾

敬和是我医学院的学弟，一年前，他突然联系我，说他要去报名一个医学院学生说故事的比赛，请我帮他指导他的练习。我一边惊讶于现在医学院学生竟然也要培养说故事的能力，一边暗自赞叹他的认真与努力。

两周后，我跟敬和约在一间咖啡馆见面，他

要讲一个他去跑马拉松的励志故事。故事一开始，他这么说："我很喜欢运动。从小我就是运动健将，什么运动都难不倒我，例如，田径、网球、手球等。但我唯一不喜欢的运动就是跑步，因为我不觉得那有什么挑战。直到2015年6月的某一天，一个我很仰慕的学长跟我说：'跑步很难的，不信你去试试看！'我才开始了跑步的旅程。"我心里想，这小子不错，他直接破题没有废话，也说明了时间、地点，让听众知道故事的时空背景。主角就是"我"，自己当主角是最吸引人的故事，很好！

接下来，他说到故事的重头戏，他第一次参加马拉松的经历："枪声响起，选手们奋力往前跑。我吸两口气、吐一口气地调节自己的呼吸节奏，跟着大家跑。记得我看到前方第一个'5 km'牌子的时候，开心地觉得好简单啊！但之后沿途经过美丽的峡谷、陡峭的山路，我已经喘得没心情欣赏了。汗水让我整个胸前的衣服都湿透了，双脚重得跟绑着两块大石头一样，心脏好像快要不会跳了。怎么办？好想停下来。顿时，我内心的声音又再次告诉我要坚持下去……停了，前面的努力就白费了……"我心里想，嗯，学弟真的很厉害，故事非常有画面感。不仅如此，这里的转折也凸显出马拉松的困难，还有他内心的冲突，真不错！

结尾收束要清楚，让故事完整落幕

我正准备听最精彩的高潮和结局时，没想到敬和在这里话锋一转："其实，我觉得跑马拉松跟当医生一样。我们一路历经艰苦的训练，都是在磨炼我们的心智。希望大家也能用跑马拉松的心情，面对自己的医学生涯。与大家共勉，谢谢！"说完后，敬和兴味盎然地看着我："怎么样，学长，还可以吗？"我有点被他的结局吓到，迟迟说不上话，就问他说："那你最后到底有没有跑完？"

"当然有啊！我最后使尽吃奶的力气把它跑完，完成了人生第一个全程马拉松。"他满脸得意地说。

"那跑到终点的时候，发生了什么事？"我问。

敬和说："那个时候真的好感动！最后5公里，我真的已经想要放弃了。但是路旁渐渐出现了加油的人群，虽然他们不认识我，但还是一直挥手对我大喊着：'加油啊！只剩一点点了！不要放弃啊！加油！加油！'我被他们激励到了，于是继续向前跑。最后，我通过终点，5小时45分。我看到我太太抱着女儿在终点等我。我们三人抱在一起，好久，好久……"

"这么好的结尾，你怎么不说呢？"我叹一口气。

故事的结尾非常重要，因为如果没有结尾，听众会觉得怎么突然没有了？然后呢？后来发生了什么事？特别是在前面转折已经铺陈好的状况下，更增加了听众的期待心理——好想知道后来怎么样了。这时，如果没有说出结局，听众会有一种怅然若失的感觉。

结尾要怎么说？有三个方向：克服、感动、学习，以下一一举例说明。

赋予转折更大的意义——克服

前面的转折处描述了很多的困难，那克服这些困难的过程就会成为故事的高潮结局。比方说刚刚敬和提到他最后克服疲累完成马拉松的过程，正是如此。或是，我们之前提过的隔壁老王练琴的故事，也可以帮他改一个更好的结局：

"过了几个礼拜，我发现，老王的琴音一点都没有进步，甚至愈来愈难听，音跟音之间都连不起来。有一天我碰到他，跟他说：'老王，最近练琴练得怎么样?'他说:'唉!我老是抓不到诀窍,好想放弃。'我本来想叫他放弃,但没想到我竟然脱口说:'不要放弃啊!我认识一个同事在兼任钢琴家教,要不要介绍你认识?'老王点点头。几个月后,老王的琴艺愈来愈好。上个月,老王去参加小区的钢琴比赛,最后竟然打败好多厉害的小朋友,得到第三名。我站在后面看着他接下奖牌,也看到他的钢琴老师也就是我的同事,在偷偷擦眼泪。"

有了克服困难的过程,才让前面的困难更有意义。

情绪收束更令人回味——感动

有时候,前面转折的地方不是困难,而是冲突。这个时候,结局可以叙述化解冲突之后,感动的地方在哪里。

《登月第一人》电影的故事结局就同时拥有了克服与感动。当然我们都知道阿姆斯特朗登上了月球,克服了无数难关。在他登上月球的那一刻,观众都因为月球的美而屏息。只是,导演并不把故事停在那里。最后一幕,刚刚回到地球的阿姆斯特朗必须接受几天隔离检查,他隔着玻璃窗,看着在外头等候室的太太,二人无语,但是又有好多话想说。最后,两个人都同时把手伸向对方,却只能碰触到冰冷的玻璃。

电影就在这个画面结束,正因前面交代了太太对阿姆斯特朗不顾自身安全,执意登上月球这一行为的不理解和不谅解,才有了最后这一段相聚的感动。

悲伤的故事也能有正面的结尾——学习

有的时候,我们根本无法完全克服故事中提到的难关,甚至没有好的结局。难道这样的故事就不能说出来吗？当然不是的。这样的故事，最后我们必须说出，我们在这个故事中学习到的是什么。

仙女老师在TED×Taipei，China的演讲，最后她这么说："一直到我遇到了凯安，我在学校跟凯安说：'凯安，慢慢来，我等你。'回到家我练习跟安安说：'安安，慢慢来，妈妈等你。'姐姐对安安也愈来愈有耐心了，我发现只有家长带头做，孩子看着看着才会一起做。"言简意赅地说明了自己从整个故事中学习到了什么，同时收获了克服困难后的感动，是非常高明的结尾方法。

而我在TED说父亲生病的故事，最后也让我有所学习："我父亲和我当时面对的困境，其实每天都在发生。我曾经看过，一个80岁中风昏迷不醒的阿嬷，她的子女们为了决定要不要帮她拔管，争执、埋怨、哭泣、互推责任，而在这样的不确定之中，治疗阿嬷的医师很难和家属有好的医患关系，就在这样的不确定之中，许多医疗资源就这样被消耗掉。如果我的父亲和中风的阿嬷，都曾经做过'预立医疗决定'，事先决定在人生最后的道路上，想要接受什么样的医疗，那么以上的那些画面，都会被更理性地面对。"

尽管父亲生病是一件十分沉重的事情，但是在这样的人生经验之中，我们还是可以有很多的感悟，并把这些感悟分享出去。对不幸的故事来说，这也许是一个最好的结局。

亲爱的朋友，决定了故事的缺陷、对手、冲突与困难之后，最后你的故事会让听众收获哪些感动和经验？写下来，你会发现你的故事完整了！

故事结尾的三个收束方向：

1.克服：赋予转折更大的意义

2.感动：情绪收束更令人回味

3.学习：悲伤的故事也能有正面的结尾

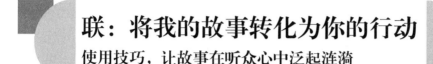

联：将我的故事转化为你的行动

使用技巧，让故事在听众心中泛起涟漪

说自己的故事很容易感动人，但是，把我们的故事联结听故事的人的经验，则是扩大故事影响力最关键的因素。

上一篇提到故事的结尾应该如何说才会更动人，因为一个启发人思考的故事，绝不能没有高潮和结局就结束了。

结尾完整，会更好地感染听众

我们再看一次敬和跑马拉松的故事，假设他听了我的建议，这样说："那个时候真的好感动！最后5公里，我真的已经想要放弃了。但是路旁渐渐出现了加油的人群，虽然他们不认识我，但还是一直挥手跟我大喊着：'加油啊！只剩一点点了！不要放弃啊！加油！加油！'我被他们激励了，于是继续向前跑。最后，我通过终点，5小时45分钟。我看到我太太抱着女儿在终点等我。我们三人抱在一起，好久，好久……以上，就是我跑完马拉松的故事，谢谢大家。"

感觉如何？好像还不错，但似乎少了点什么。这时台下的听众可能会想："啊，是很棒。"或是："嗯，很棒，然后呢？"或是："这个故事跟我有什么关系？"说自己的故事很容易感动人，但是，能否把我们的故事联结听故事的人的经验，则是有没有办法扩大故事影响力最关键的因素。

怎样将听众的经验与故事的意义联结，有很多方式，对于初学者来说，可以直接使用下面两个金句：

"故事说到这里，我想跟大家说……"

"这个故事告诉我们的是……"

当讲完故事"合"的部分之后，使用这两个句子之一，自然而然就会将听众的经验和故事的意义联结。而如果要更进阶，要怎么才能更好地进行联结呢？有三个技巧：了解听众、撷取意义、使用问句。接下来就为大家介绍说明。

联结的第一步——了解听众

认识你的听众，是将听众与故事联结的第一步，我们也可以用"5W1H"来记忆。举例来说，说故事之前，应该都要想想以下几个问题：

Who："今天来听故事的人是谁？"

When/Where："他们在什么时空背景下来听故事？"

Why："他们为什么要来听故事？"

What："他们关心的事情是什么？"

How："听完故事，他们要如何把所学运用在生活中？"

了解这些，自然就可以将听众与故事联结。

丽雅是一个打扮时髦、穿着光鲜亮丽的保险公司业务经理，有一次，在公司举办的说故事比赛中，她对着台下30位顶尖业务经理这么说："外派到北京的那3年，钱领得多，北京也是一个不会让你无聊的大城市。但是你知道我每3个月都要掉一次眼泪吗？每3个月我休假回台湾陪家人，休假结束，要离开台湾的时候，我先生和两个女儿送我到机场。我的女儿一个5岁、一个3岁，她们总是会在分别前，一直哭、一直哭，不愿让我离开。"

"甚至，等我进了海关，她们还会站在玻璃前面，一边望着我，一边拍着玻璃，说：'妈妈不要走，妈妈不要走。'我别过头去，直直往检查站走，不敢让她们看到我满脸都是泪水的样子。"说到这里，她眼中噙着泪水，快要哽咽了，但她继续说："故事说到这里，我想跟大家说，我知道我们都是非常热爱工作的一群人，我知道我们都是老板说什么指令就会马上去办的人，但我想提醒大家，不要忘记，我们最重要的客户，其实是我们的家人。把我们最核心的客户照顾好，我们才有心力去照顾更多的客户，不是吗？"

她说到这里，我看到台下好多女性同人都用纸巾拭泪。这是一个如何用故事联结观众经验才可以打动台下观众的最好的示范。

同一故事不同主题——撷取意义

一个故事，会有很多的素材、很多的内容，也正因如此，一个故事可以根据不同类型的听众，撷取不同的意义出来。有一次，我到一个基金会做"预防跌倒"的卫生健康教育演讲，台下几乎都是上了年纪、白发苍苍的高龄者。演讲的最后，我用我父亲生病的故事来结尾：

"2013年5月，某天清晨，我接到一通妈妈打来的电话，说爸爸早上在家运动的时候，她突然听见咚一声，我爸跌倒头撞到地上，之后就倒地不起不省人事了。我说：'妈，你赶紧叫救护车！'然后赶紧打电话请同事帮我处理当天早上的工作，跑到台中荣总急诊室。到了急诊室，发现我爸是被放在急救室那一区，所谓急救室就是最重症、最危急的病人才会被安排的地方。急诊室的主治医师跟我说，我父亲是脑出血，很危急……"

我把当时的情景，还有父亲后来因为脑出血而失能，日常生活无法自理，需要我跟妈妈24小时照顾的画面说出来。台下的老人家们无不皱着眉，甚至有人偷偷掉眼泪，似乎可以感受到我父亲的病痛，还有全家人的辛苦。

最后，我把父亲的事与今天要讲的主题联结起来："我父亲的故事告诉我们，'跌倒'真的是老年人失能最大的危险因子，只要上了年纪，我们每一个人都是跌倒的候选人。而'预防跌倒'不仅可以救你自己一命，也同时可以减轻家人后续照顾你的负担，我觉得预防跌倒是每一个中高龄者都一定要做的事。其实它很简单，只要照着刚刚讲过的三个秘诀，我相信大家一定都能远离跌倒、乐活人生。谢谢大家！"说完，台下报以热烈掌声。

有没有发现，同样是父亲跌倒的故事，在TED的舞台上讲的是希望大家要提早做"预立医疗决定"，避免人生最后一里路让自己和家人痛苦。在这个演讲中却摇身一变成为"预防跌倒"的警醒故事，让听众认识预防跌倒的重要性。同一个故事，撷取不同的意义与故事主题联结，就可以得出不同的结论。

引起观众的反思——使用问句

2019年宪福年会，我的简报教练，同时也是好朋友的福哥，在台上分享他如何在许多方面都达到顶尖水平的技术与秘诀，演讲的尾声，他开始说他成为潜水长的经过："大家都知道，我除了是简报教练，还是合格潜水长，我现在每隔几个月就会去垦丁潜水，享受海洋的自由和美好。你一定以为，我天生就会潜水，很喜欢水，对吗？不是的！"说完，他放了一段两年前他第一次下水的影片。

影片中的他，在水下约5米深处，正接受教练面镜排水的指导。只见福哥试着排水几次，就比出"上去！"还有"吸不到气！"的手势，教练毫不迟疑就带他回到水面上。

吸不到气，福哥被吓到了。教练问他一句话："福哥，你还要下水吗？"他迟疑很久，跟教练点点头。两年之后，他成为潜水长。说完这段经历，他看着全场一百多位伙伴，这么说："可是我想问你，你在第一次被吓到之后，会不会再下去一次？当你在生活中遇到了问题，会不会想马上把问题处理掉？还是直接转身离开逃避呢？为什么我最后还是决定要下去？因为我不想留下遗憾啊！"说到这里，台下鸦雀无声，每个人都想到了自己，想到自己面对问题的方式。

福哥使用了一连串问句。在故事说完之后，直接使用问句来挑战听众，也是一个非常好的将听众经验与故事意义联结的方式，因为一旦问了，听众心里就会试图回答，并且不自觉地把内心回答跟刚刚的故事联结。

两个金句、三个技巧，只要好好使用，你会发现故事的魔法，从自己身上转到听众身上了。而联结听众经验与故事意义最重要的目的，就是引发行动。下一篇，我们来谈谈行动之于故事的力量。

让故事和观众联结的两个金句与三个技巧：

"故事说到这里，我想跟大家说……"

"这个故事告诉我们的是……"

1.了解听众：联结的第一步

2.撷取意义：同一故事不同主题

3.使用问句：引起观众的反思

动：行动才能引发故事蕴藏的力量

记住口诀，说出有影响力的故事

行动，决定了故事的影响力，然而，呼吁、带动一个好的行动不容易，记住一个口诀："二不二要"。

2016年TED×Taipei，China在松烟文创园区举办，当天有十几位重量级人士上台演讲。面对满场的500位观众，每一个讲者都使出浑身解数。而在所有演讲之中，仙女老师得到了最长时间的掌声。她讲完后站在台上，台下呼喊声、加油声绵绵不绝，仙女老师不停地鞠躬，她的眼中泛着泪光。

行动，决定了故事的影响力

让我们来看看仙女老师在故事的最后说了什么，她说："一直到我遇到了凯安，我在学校跟凯安说：'凯安，慢慢来，我等你。'回到家我练习跟安安说：'安安，慢慢来，妈妈等你。'姐姐对安安也愈来愈有耐心了，我发现只有家长带头做，孩子看着看着才会一起做。未来凯安、安安和其他患有身心障碍的孩子，他们都会走出家庭，或许有一天您会在地铁上、电梯里或是职场上遇到他们，我很诚恳地希望您可以跟他们说：'慢慢来，我等你。'这样不只温暖了一个孩子的心，也安了父母的心，同时也避免了'霸凌'的发生。谢谢大家！"

"慢慢来，我等你。"是不是很简洁动人的一个行动呢？如果仙女老师不是这样收尾，而是改成这样："我跟大家说，霸凌绝对是我们学校里面最可怕的事，也是残害孩子幼小心灵的罪魁祸首。我们一定要拒绝霸凌，面对那些不公不义的事情，我们一定要教我们的孩子勇敢说不，让他们重新找到失落已久的笑容，让他们能够展翅高飞，无忧无虑。拒绝霸凌，勇敢说不，明天会更好。谢谢大家！"看出差别了吗？这里没有具体的行动，都是口号。

一个好的行动决定了故事的影响力能在观众听完故事离场之后继续发酵壮大。但是要在故事之后带动一个好的行动也不容易，我给大家一个口诀："二不二要"，有两件事一定不要做，而另外两件事做了会更好。

第一不：不要充满口号

2017年，在一家知名科技企业说故事比赛的现场，阿铭走上台说了7分钟故事。最后，他这么说："我真的很幸运，可以加入公司这个大家庭。这里给了我丰富的土壤、丰厚的养分，让我可以无后顾之忧地放手去飞。希望大家也能够体会公司的用心，我们一起努力，打造更好的环境，迎接更好的未来。我相信，我们一定能够在经济不景气的大环境之中，创造属于我们的时代。我是阿铭，谢谢大家！"

这些看似热血澎湃的话语说完，但台下却没给太多反应。阿铭故事的结尾中好像有很多行动，但其实都是空泛的口号，这是非常危险的。

第一，大家很不喜欢太高调，一直讲口号反而会让人觉得高高在上。

第二，太空泛的行动，会让观众不知道要怎么执行，船过水无痕，听完之后就没有回响了。

第二不：行动不能太难

我的朋友妮妮跟仙女老师一样，都非常关心霸凌这个议题。有一次她要去演讲，请我帮忙看她的故事。她讲到那些小朋友被虐待的故事，愈说愈激动，最后她这么收尾：

"就在几天前，新北市三峡区晚间发生虐童案，一名4岁女童被继父殴打，伤势非常严重，送医前不治。我真的很痛恨，为什么这些事情在2017年还会继续发生。我希望大家，如果你发现邻居的小孩真的怪怪的，请不要客气，直接打电话报警，让那些不法之徒得到应有的制裁。谢谢大家！"

台下依然是稀落的掌声，反应不大。为什么？因为行动对大家来说太难了，光是要看出邻居小孩怪怪的就很不容易了，更何况是拿起电话报警！行动若是太难，大家就无法在生活中实践。要怎么调整？请记得"二要"：行动要具体简单；复杂行动要排出步骤。

第一要：行动要具体简单

在搭电梯、进地铁的时候对身心障碍孩子说"慢慢来，我等你"就是一个非常具体简单的行动，每个人都可以做，我自己也常常把这句话挂在嘴边。同样是讲霸凌和虐童的议题，我们课程的学员小怡这么给大家行动的建议：

"在座的各位大多已为人父母或者即将为人父母，我想拜托大家两件事情，一'多'一'少'。多，多给予关心，这份关心不应该只是关心自己的孩子，我们应该也要教导孩子去关心他的同学，去注意到微小的细节，给予遭受暴力威胁的孩子理解、接纳与关怀。少，减少言语暴力，我们可能都说过这句话，'如果你不乖，我就把你怎么样'，其实这对孩子也是一种无形的虐待，只是我们没有察觉而已。把这类的言语改成正面表述，比方说，'我希望你能听话，你做得到吗'，减少自己言语方面的暴力。"

她说完之后，现场响起热烈的掌声。多给予关心，减少言语暴力，是不是每个人、每个家长都可以做到的，简单又具体的行动呢？

第二要：复杂行动要排出步骤

当然，有些故事背后的议题比较深入，不是那么简单就可以做出行动的。比方说，要在身体健康的时候事先规划"预立医疗决定"，就是一件相对复杂的行动。来看看我在TED×Taipei，China的演讲最后怎么说：

"各位朋友，预立医疗决定，现在就可以做。我们都可以开始做以下三件事情：想、说、动。想一想，自己生命最后的医疗决定，会是什么？说一说，把这个想法和最爱的家人及医师讨论；动一动，到医院索取或是上网下载安宁缓和意愿书，把想法写下来。我相信你会发现，预立医疗决定，我们真正预立的，是对自己和家人满满的爱。生命，自己做主。医疗决定，为爱而立。谢谢大家。"

有发现吗？把复杂行动排出前后步骤，不仅可以增加记忆点，同时也让听众知道要怎么去实践我们想要推广的理念。以后想到预立医疗决定，只要记得"想、说、动"就好，是不是比一长串的规定、条文简单多了呢？最后，如果你还是对于"联结—行动"的转折比较生涩，再送大家两句金句。当将故事意义与听众经验联结完，准备引出故事最后的行动时，我们可以这样说：

"我想拜托大家两件事……"

"如果你也可以……"

两个金句任选一句来用，你的故事都会让听众充满行动的力量！亲爱的朋友，将故事与听众联结之后，你希望你的故事可以让听众去怎样行动？写下来，故事发挥真正力量的时刻就会来临！

两个金句加上"二不二要"，说一个有影响力的故事：

"我想拜托大家两件事……"

"如果你也可以……"

1.不要充满口号

2.行动不能太难

3.行动要具体简单

4.复杂行动要排出步骤

故事画面力

Chapter 3

如何带领观众进入故事情境
善用技巧让观众不出戏

巧妙运用三种技巧说故事，让观众可以一路紧跟着讲者的节奏与情绪，沉浸在讲者营造好的故事氛围里。

2017年11月底，佩玲特意回到学校请我帮她修改演讲稿。一个月后，她要参加公司内部举办的"表达力大赛"，讲母亲如何在重男轻女的家庭中，含辛茹苦带大她们四姐妹的故事。

情绪扎根，才能融入故事氛围

我对佩玲提出了邀请："先来对高二的学弟学妹讲讲，如何？"她花了7分钟把故事从头到尾讲了一次，学弟学妹都说："学姐好会讲啊！我差一点就哭出来了。"

佩玲问我："仙女，你怎么没有哭？不够感

动吗？"

我回答她："台风佳，口条顺。但我的情绪才刚进到故事里，还来不及扎根，又被你带出故事外了。"我给了她三个建议，让观众可以一路紧跟着她的节奏与情绪，沉浸在她营造好的故事氛围里。

善用场景音调节情绪

佩玲提到小学四年级暑假，她陪妈妈顶着高温在毫无遮蔽物的路边发传单，烈日下来来去去的人很多，愿意拿传单的人屈指可数。她很不喜欢那些路过的行人，尤其是那些人头也不抬，连看她一眼都觉得多余。妈妈帮她带了折叠椅，要她去骑楼下休息，她板着脸看着那些面无表情的大人。骑楼下的摊贩就属卖冰激凌的阿水伯对她最好。讲着讲着，她的情绪濒临溃堤，肢体跟着抽搐，用字遣词乱了章法。过多的隐私超出观众的负荷，佩玲仿佛要倾倒出昔日受到的所有的委屈。

为了调节她的情绪，我请她在演讲中加入怀旧的声音，阿水伯"3球10元"的叫卖声，佩玲讲着讲着，脸上流露出淡淡的微笑。学生们听到叫卖的声音都觉得新奇有趣，佩玲无可取代的回忆，成了观众听演讲时的记忆点。故事里讲到医院，便加入仪器的"哔哔"声；讲到早餐，便加入卖麻薯的小摊车"咚咚咚"有规律的敲击声；讲到学校第二节课下课后，直接嵌入健康操的声音。适时地加入场景音，能够引领观众融入当时的氛围中。

设计提问，增强共鸣

佩玲的母亲是个任劳任怨的家庭主妇，生怕洗衣机没法把衣服洗干净，送完几个孩子上学后，在阳台坐在小板凳上一件件手洗孩子们的衣服，一两个小时下来，妈妈常会因为起身时的酸疼感而发出一阵极微小的呻吟声。她为母亲长期在家中不受重视而感到不值。佩玲说得再多都像是抱怨，观众会觉得这不过就是一个为人子女的在为母亲叫屈。怎么样才能让观众觉得佩玲发出的是真正的不平之鸣呢？

我建议佩玲停下来问观众一个问题，这其实也是佩玲心里多年来一直想问的："我妈妈到底做错了什么？"有一段空白的时间，佩玲往前走了一步，她听到台下的观众回答她："没有""嫁错了人""好惨呀"……有些观众在心里默默地回答她。这时佩玲母亲就像我们周遭好朋友的母亲，激起了观众渴望帮她发声的意愿。

调整语速，强化张力

佩玲讲到父母亲争吵时，嘶吼着喉咙，一股脑儿把父亲气愤时的话语，连珠炮似的复述了出来："生女儿有什么用？你看看你的肚子一点也不争气，小妹到现在都已经生两个儿子了，你现在生四个都是女儿，你要我怎么跟列祖列宗交代？当初真不知道怎么会娶到你！"现场非常安静，尽是佩玲高声骂人的声音，语速快到观众来不及听清楚她说话的内容，甚至有几个学生嫌恶地皱起了眉头。

我建议佩玲把语速放慢，慢慢讲，慢到能一个字一个字地讲清楚。父亲这些尖锐的话不只伤害了佩玲妈妈的心，也伤害了青春期的佩玲姐妹，同时也会狠狠地敲在在场的每个人的心上，留下记号。

讲故事时大部分的情节用一般的语速来讲就可以，但讲到故事的高潮或希望观众能够聚焦的情节时，必须刻意把语速放慢，让观众随着讲者的叙述一步步走入情境当中。

昨天，佩玲跟我说她在公司表达力大赛上杰出的表现，赢得了副总对她的赞誉，副总第一次跟她说的话就是："你的故事说得很好。你的妈妈很了不起。"她在心里高兴了好久，好久。

带领观众进入情境的三种方法：

1.善用场景音调节情绪

2.设计提问，增强共鸣

3.调整语速，强化张力

如何使用时间轴说故事
点明时间，带观众入戏

时间轴可以带领观众直接走到故事的入口，帮助观众尽早进入故事情境，愈短的故事，时间轴愈需要早点出现。

最近因为课程需要，我听了许多的故事。这些故事在讲者的生命中都占有一席之地，刻苦自励的童年、艰辛创业的挑战、亲人辞世的伤痛，随着讲者的情绪起伏，一幕幕的画面逼真地摊开在我们眼前，身为听众的我会想，这样的经历发生在什么时候？讲者又是经过了多少时间，才能鼓起勇气面对这样的过往？

列出故事的时间

我在TED×Taipei，China年会上以"杜绝霸凌"为主题说了亲身经历的故事。我是这么说的："第一个故事发生在2014学年。特教组问我：'余老师，身心障碍学生凯安安置在你的班上好不好？'"

我记得这个日子，虽然我豪气地应允，心里却极度没自信，我根本不知道怎么样带这样的学生，不能只把他晾在一旁，要有实际的作为，讲得直白一点就是要有方法，当时的我一筹莫展。

2014学年是我教学生涯的分水岭，向来带普通班驾轻就熟的我，从这一天开始，要在融合教育上下功夫。回头想想如果那一年我稍加迟疑或胆怯而拒绝接受凯安，我的人生会不会有其他的改变呢？

使用时间轴说故事的三个好处

1.将观众的经验与故事联结：就讲者而言，能迅速地拉近与观众的距离，就能帮助观众尽早进入故事情境。时间轴可以带领观众直接走到故事的入口，愈短的故事，时间轴愈需要早点出现。

以我在TED的演讲为例，当观众听到2014学年，身为老师的观众会回想当年任教的班级与学生；身为家长的观众会回想当年自己孩子的老师对孩子的付出；多数的观众会先在脑海中加加减减算出自己在线性时间中的位置，回想当时的自己是什么模样，做了哪些事。与讲者站在同一时空听故事，出现的时间轴成为台上讲者与台下观众内心联结的桥梁。

2.见证讲者的转变：很多时候我们对讲者并不熟悉，时间轴有助于我们了解讲者的背景，还原讲者改变的历程。

马克是个超级业务员，认识他之前我一直觉得超级业务员就是舌灿莲花、个性外向的人。直到一个难得的机会，我听说他打死不退、永不放弃的业务精神，与他大学时期参加篮球校队有着极大的关联。1990年，女多男少的国际贸易系组建了史上第一支篮球队，每周至少两天全员集合的练习，球队中没有长得高的人，队员们经常被盖帽，身为队长的他肩负起所有训练工作，针对每一个球员的优势集训，且为了凝聚球员的向心力，自掏腰包在运动后请大家吃冰，冰店就是他们沙盘推演的根据地。在他的带领下，在一片不被看好的声浪中，国贸系前所未有地拿下了亚军的佳绩。马克说："这26年来，推广业务就跟打篮球一样，只要不放弃，就有翻身的一天。"

3.抚平伤痛的良药：很多人认为伤痛的程度会随着时间流逝而减轻，其实不然。这些伤痛放在心里愈久就愈不忍掀开，只要身边有类似的状况，就会想到自己，再痛一次，迸裂了伤口。倾诉就像清创，直接处理伤口，移除坏死的组织与异物，说故事，主动回溯当时的情景，有助于伤口愈合。

16岁的小芳在2010年跟着佛家师父去布施。9月傍晚，已有凉意，她不自觉地把折起的衬衫长袖放了下来，四周早是人龙，放眼所及尽是拿着锅碗瓢盆来领白米的民众。一个看起来7岁的小女孩，穿着一件长版背心，手上没有任何的器具。师父在小女孩用手兜着的衣服上倒了两大勺的白米，小女孩喜滋滋地兜着衣服上的白米离开时，绊倒了，米散落一地。小芳说她从来没跟别人说过这个故事，她很心疼这小女孩，这让她想起小学放学后就得跟阿嬷外出拾荒的岁月，记忆里她不只封存了捡到崭新洋娃娃的喜悦，更是隐藏着对阿嬷的思念，她不想让别人因为她清贫的家境而轻视她。

小女孩让小芳想到7岁的自己，可信度极高。倘若让小芳想到的是4岁的自己，这故事就会显得牵强而不够真实，4岁的记忆多是成人所赋予的。小芳说："我现在知道自己7岁那年有多幸福了，至少有阿嬷陪着我，不至于像这小女孩这么孤单。"

如果你最近刚好要说一个故事，试着加上时间轴，你会发现当你说完故事之后，身边的人会跟你说："怎么这么巧，那一年我也……"接下来，就换你听别人的故事了。

使用时间轴说故事的三个好处：

1.将观众的经验与故事联结

2.见证讲者的转变

3.抚平伤痛的良药

如何用引起观众共鸣的语言说故事

真实案例更能引起观众共鸣

适当挑选例子，愈贴近日常生活，愈能引起观众的共鸣；不当的比喻则会让人觉得华而不实，不够真诚。

说故事的目的就是希望观众能听进去我们说的话，且能够引起他们的共鸣，避免他们在听的过程中感到无聊，最后再让他们因为我们的故事而产生行动与改变。

童年时光，朴实贴近人心

艳阳高照的午后，我们几个好久不见的朋友聊到近况，说着最近的生活，明明突然冒出一句："你们知道吗，我们家小区住着许多有钱人。"一讲到钱，大家眼睛都亮了，不约而同地问："是多有钱？"

明明说："他们上下班都用奔驰车代步呢！"

一旁的阿龙大笑了起来："你对有钱的定义就是奔驰车代步而已呀！"

明明点了点头说："我小学的时候，我们家经济状况很好，我用的每一支铅笔都是高档货哟！我爸最喜欢的车就是奔驰，他每次都说奔驰的立体三叉星标志非常有质感。那时候我爸放假的时候就开他的银色奔驰载着我跟妹妹到河滨公园，我们白天在公园散步，晚上再去士林夜市吃东西，我爸都会买'青蛙下蛋'给我和妹妹，一人一杯，冰冰凉凉的就是过瘾，我爸还会带我们去吃蚵仔煎和花枝羹。"

"初中时，我爸公司倒闭，车也换了，之后他郁郁寡欢了好多年。我就想如果我有能力的话，我要自己买一辆奔驰，换我带他出去玩，换我带他去士林夜市走走，那里有我们共同的回忆，那时也是我们一家人最快乐的时候。"

话一说完，明明仰起头，双手向上举，眼睛晶亮，他所谓的开奔驰的有钱人生活其实是对小学时期的回忆。

招聘说明会上夸大其词让观众觉得不够真诚

明明说的有钱人的生活让我想到，前一阵子我看到一场招聘说明会，台上意气风发的讲者让我感觉有些轻浮，少了真实感。

30岁出头，梳着油头，穿着整套深蓝色西装，打着黄色领带，脚踏尖头皮鞋的业务员一开口就问："大家想过比尔·盖茨有多少财富吗？"这开场的提问让现场变得热络，台下众声喧哗。

业务员继续说："我刚毕业的时候，什么也没有，来到了现在这家公司，我们公司的奖金制度比其他公司好多了，如果大家照着我的方法销售，差不多5年的时间，大家就都可以跟比尔·盖茨一样富有了。"

听到这样的人生故事，我的职业病又犯了："他的方法可行性有多高？""他知道比尔·盖茨的财富有多少吗？"

具体比喻，让观众更能理解

微软创办人比尔·盖茨身价高达上千亿美元，这样的数字过于庞大，大到一般人无法想象。知名天体物理学家泰森（Neil de Grasse Tyson）用了一个简单的"捡钱理论"，让人一窥全球财富金字塔的顶端。他以自己为例：在有房、有车、有稳定工作的情况下，如果在地上看到1美分（约0.3新台币）或5美分硬币，他根本懒得弯腰拾起，10美分硬币的话，如果不赶时间，他会考虑捡起来，25美分硬币则肯定不放过。这跟我们蛮像的，对1新台币不屑一顾，10新台币可能会挣扎一下，100新台币的话就把腰弯下捡起来了。

泰森替盖茨来推算，多少钱以下是根本不值得盖茨浪费时间停下来捡的呢？答案是4.5万美元。换句话说，金额在140万新台币以下的钱掉在地上，对盖茨来说，直接无视走过，把钱留给别人去捡，也不会觉得可惜。

我看着业务员一身的行头，看着他鼓励大家加入会员，向他买保养品，这样不到5年就能跟比尔·盖茨一样？是他小看了比尔·盖茨的财富，还是产品利润惊人？不当的比喻会让人觉得华而不实，不够真诚。

让观众有共鸣的三个重要条件

1.愿景先行，满足渴望：当我们形容想要很有钱或需求很特别的时候，观众也许不是多么了解我们所表达的含义，可以先让观众明白我们的愿景，就像明明的奔驰车象征的是对于小学时期生活的向往，那是一段与父亲共有的回忆，而不是豪奢的生活。

2.要能马上有感觉，而不需要"转译"：比尔·盖茨身价高达千亿美元，这实在很难让一般人有感觉，听完之后只觉得"哦！好有钱"，没有过多的情绪。这种感觉就跟我们去吃饭，吃得太饱，超过身体负荷就很难继续享受美食的乐趣是同样的道理。如果换成"金额在140万新台币以下的钱掉在地上，对盖茨来说，直接无视走过，把钱留给别人去捡，也不会觉得可惜"，观众马上就能生起"天啊！其实100新台币我就会捡起来了"这样的念头，也就成功达到让观众有感的目的了。

3.拿出对照组，增加真实感：当单一数据出现，可以加上另外一个数字对照。这让我想起了我曾经看过的旅游节目，主持人惊讶地介绍日本青森县的一个果园："这里苹果的产量是10吨，产量很高呢！"10吨已经超过我脑容量的想象，对我而言跟100公斤一样都是很高的产量。

主持人可以怎么让观众有感觉呢？他可以这么说："在日本，富士苹果是无比畅销的。青森县是最为知名的苹果种植区。每年大约90万吨的日本苹果总产量中，有50万吨来自青森县。而青森20%的苹果来自这个果园。"

用与观众有共鸣的语言说故事的三种方法：
1.愿景先行，满足渴望
2.要能马上有感觉，而不需要"转译"
3.拿出对照组，增加真实感

如何让观众感受到故事画面如在目前
勾勒故事画面，拉近与观众的距离

故事力是拉近距离的超能力，说出一个画面感十足的故事，也能让观众感觉与讲者更亲近，更容易进入故事。

言语简练固然是好，但过于抽象、简短的叙述，也容易让听众一头雾水。说故事的人应该练习描述画面的能力，且让自己的陈述具有差异性，甚至带入个人体验，都更能让听众拥有故事画面如在目前的感受。

抽象叙述，听众不易明白

绍晰，人很直率也很真诚，说话简洁有力不拖泥带水，如果请他推荐一部院线片，他会说："某某电影很好看，快去看，没去看的话，你会后悔。"再细问他这部电影哪里好看，他又会说："就是很好看啊！快去看。""我跟你担保一定好看的。"如果问他跟其他电影相较，哪一部好看？他会说："都很好看。不同特色，各有各的好，没去看的话你会后悔。"我们几个朋友以为他不想剧透，也就不好再多问他什么。久而久之才知道这就是他说话的风格，说话点到为止，话说了就好，别人领会到什么并不重要。

另外，绍晔相当有时间观念，周一到周五，都会提早20分钟出门买"在地第一豆浆"，而且他会特意跟穿着红色围裙胖胖的阿姨买。我问他为什么一定要跟这位阿姨买。他说："我就是喜欢跟阿姨买。"我不以为意地说："这有什么了不起的吗？这有什么稀奇的呢？不过就是个人的偏好。"绍晔不时强调："我跟你们说，是穿红色围裙的阿姨把豆浆变好喝了。"他一直形容感觉，过于抽象。我问他："到底是有多好喝，你可以形容给我听吗？"他一贯回答我："你自己去喝喝看就知道了。"

10月份，我去了一趟"在地第一豆浆"，结果是一次很不愉快的经历。我有一肚子的气，就用他惯用的方式给他发短信："感觉很差啦！""很不好啦。"我甚至不耐烦地回他："听你讲话都不准啦。"绍晔狐疑地要我解释，我耐着性子描述给不在现场的他听。

清楚描述画面——说出看到的

周日上午我到了"在地第一豆浆"，点了咸豆浆、烧饼夹油条和萝卜丝饼外带，担心豆浆会洒出来，我把这份早餐放在副驾驶座上，旁边还放着我到邮局领的便利箱，宛若坚固的堡垒守护着我的早餐。

一下车，右手顺手拎起塑料袋，塑料袋里都是从盛豆浆的纸杯里溢出来的汁液，我以为是我没拿好，把纸杯调整一下，洒出来的豆浆反而更多了，才发现是盛咸豆浆的纸杯没盖好盖子。车上都是豆浆的味道，车上又刚巧没了卫生纸，弄得我手脏脏黏黏的，我手忙脚乱地把早餐放在地上，搭电梯回家拿抹布下来擦座椅。回到家，实在懒得打理豆浆，顺手放在水槽里，烧饼夹油条和萝卜丝饼也都湿答答的，看着就没心情吃。

绍晖赶忙跟我解释："哎呀！我确定你不是跟穿红色围裙的阿姨买的。因为阿姨都会用手先把杯盖盖妥，再用手指确定杯盖有没有盖好，用布将杯盖周围擦一遍，再摇摇杯子，确定豆浆不会洒出来，才会把东西干干净净地交给客人。"一直到他说出这一段，我才发现他不是惜字如金，而是不知道描述细节的重要性。不知道为什么我觉得好笑笑了出来，突然想"测试"他，我接着说："我是不会再去那家店了。"绍晖赶紧接着说下去。

比较日常所见——说出差异化

绍晖说："这里只卖热豆浆，不卖冰豆浆。你仔细看只有穿红色围裙的阿姨会把杯子细细地擦干净，最主要的是她星期一到星期五的抹布边角的颜色分别是红、橙、黄、绿、蓝，同时桌上还有两条抹布交替使用，而且她一有空就去洗，即使是高级的餐厅我也没看过有人这么仔细地处理抹布。说真的，我们经常外食，这些年都不知道吃进去多少脏东西了。"

绍晖通过这几年的外食经验，说出了关键的差异，这差异不只迥异于家里用餐的习惯，也与其他餐厅呈现明显对比。

带入自身经验——说出个性化

绍晖说："你们都以为买早餐是生活中稀松平常的事情，但这件事对我来说却意义非凡。我是双鱼座，就跟星座书上写的一样，双鱼座想得很多，人也很敏感，我们办公室的同事经常说我很情绪化。我这个人确实很容易受情绪影响，所以，我就想既然这样的话，既然看到红色围裙的阿姨能让我心情大好，就干脆每天都去跟她买早餐好了。这就是我坚持提早出门买早餐的原因，我不知道你们相不相信，我说的都是真的。"

感受是很个人的情绪反应，就像本能，每个人遇到的状况不同，所产生的行为也不尽相同。绍晗很容易受外在环境的影响，多愁善感，当他内心烦乱时，光要平抚心情就要一两个钟头，在这个时间段里事情也做不好，他找到让自己在一大早就拥有好心情的方法，也通过学习描述故事画面强化了沟通能力，朋友们都说绍晗变得好相处了。故事力是良性沟通的超能力。

让观众感受到故事画面如在目前的三个方法：

1.说出看到的：清楚描述画面

2.说出差异化：比较日常所见

3.说出个性化：带入自身经验

如何说出有温度的故事

塑造人物形象，让故事更有温度

不管主角是知名人物还是市井小民，在说故事的人心里都是有分量的，都应该被观众记住，而称呼就是其最好的标签。

刚毕业的玮宸，告诉我他在公司的状况："我刚退伍就到业务部门工作，里面全部都是大我至少20岁的阿姨，她们都把我当儿子看，对我很好，就是非常、非常好的那种。"听了半天，我还是不知道是有多么好。我的"故事魂"上身，想引导玮宸把感受到的好说出来——一个社会新人初出茅庐备受前辈照顾的好故事。

先观察，再描述

我问玮宸："阿姨们对你都很好？"
玮宸跟我说："都很好的啊！"

我再问玮宸："阿姨们对你好在哪？"

玮宸跟我说："阿姨们买午餐会问我要不要一份；如果有客户打电话来询问，阿姨会把这些客户先留给我；下雨天还会跟我说骑车小心。"

我又问玮宸："朋友们不是也这样对你吗？阿姨们这样有什么特别的？"

玮宸跟我说："那不一样，职场上很多时候，老人都会欺负新人，像我同学他们公司如果有客户打电话来询价，老人都会自己留下来，才不会给新人机会，我同学自己开发的业务有时候不小心就变成别人的业绩了。盒饭也都是我同学订，大家觉得老是吃同一家，想换口味了，还会从外面拿菜单要我同学订。我很珍惜阿姨对我的好，我妈常常说我命很好，我姐姐在第一份工作中经历的也跟我同学一样——新人帮老人做事是天经地义的。"

我接着问玮宸："是有多少位阿姨？"

玮宸说："也没有啦！就两个阿姨而已。只是平常我都叫她们阿姨，只要我一叫阿姨，她们就会一起回头，笑嘻嘻地跟我说：'少年，你在叫我们哪一个？'"

我问玮宸："阿姨们只会叫你'少年'吗？"

玮宸："对啊！公司里我最菜，大家只要听到'少年'就知道是在叫我了，甚至有些同事干脆也跟着阿姨叫我'少年'。"

我再问玮宸："两个阿姨都叫你'少年'，你怎么区分她们两个人？"

玮宸："都是阿姨啊！"

我："她们两个有什么不同之处？"

玮宸："别人会分别叫她俩彩云姐和刘妈。"

最后我问玮宸："彩云姐和刘妈有什么不一样？"

玮宸："彩云姐人大方，给我买饮料，从来不跟我要钱，她说我还年轻，要我把钱存起来娶老婆；刘妈只要有电子产品不会用，就会叫我去帮她，说我很聪明，又乖，比她儿子还像她儿子。"

细细感受，塑造有温度的故事人物

我跟玮宸说："你现在跟我说说你对这份新工作的心得体会。"

玮宸恍然大悟地问我："仙女，你该不是要我说故事吧！"

我两手一摊，要他把刚才那些线索组织一下，说个有温度的故事。

玮宸："我姐跟我同学都说，职场上，老人会欺负新人。我妈说我命很好，遇到了很棒的主管，一个是彩云姐，一个是刘妈。彩云姐人比较大方，常常买饮料请我喝，她叫我把钱存起来娶老婆；刘妈的电子用品都是我教她弄的，她说我很聪明、很乖，比她儿子还像她儿子。遇到好主管，上班心情好，学得快又好；遇到坏主管，上班心情差，一天到晚想离职。我以后也要当一个体贴的主管。"

玮宸说完之后，突然看着我大笑："仙女，你刚才问我阿姨哪里好，我发现你已经教会我如何把她们的好说出来了啊！你真的是仙女啊！"

塑造人物形象的三个重点

1.称呼是标签：不管主角是知名人物还是市井小民，在说故事的人心里都是有分量的，都应该被观众记住，而不是阿姨长阿姨短，路边阿姨何其多，但彩云姐和刘妈就是不同于一般的阿姨，她们是不欺负新人的职场大姐。

2.事件的描述："好"是主观性的感受。彩云姐人比较大方，请玮宸喝饮料，要他存娶老婆钱，这是疼惜年轻人赚钱不易；刘妈夸玮宸比儿子还像儿子，是把玮宸疼到心里，这是把玮宸当家人的无私。玮宸把个人主观的意见变成了多数人客观的评论。

3.客观的对比：玮宸同学所在的公司老人会抢新人的客户，玮宸姐姐所在的公司老人也不给新人机会，彩云姐和刘妈打破了通则，这两个人对玮宸的好就被放大了。

3个月之后，在一次读书会，我遇到玮宸，他很兴奋地跑过来叫我，他说："仙女，自从你跟我说彩云姐和刘妈不是一般的阿姨，我就不叫她们阿姨了，我跟别人一样称呼她们彩云姐和刘妈，感觉变得好亲近，真的像自己的亲阿姨一样，难怪你以前跟我们说，名字是最好的标签，称呼别人就是尊重。"

塑造人物形象的三个重点：

1.称呼是标签

2.事件的描述

3.客观的对比

如何使用幻灯片为故事加分

三个技巧让幻灯片成为说故事利器

说故事时为了让表达更加流畅，通常并不建议过多使用幻灯片，因此在幻灯片的使用上，更要特别注意几个重点。

第二十届扶轮社地区年会，改变了过往单一名人专题演讲的模式，改由TED×Taipei，China策展团队邀请3位讲者分享动人有深度的简短演讲。而我有幸与朱为民医师、陈美丽老师在策展人邱孟汉先生缜密的规划下，合力完成这一趟让故事发挥魔法的旅程。

年会的主题是"Make a Difference"，双屏幕宽敞的场地，1500位扶轮社成员坐在台下，3位讲者各进行12分钟简短演讲。再度戴上TED专属的耳麦，我依旧主讲"教育"议题，说了两个身心障碍者的故事。

"专题演讲"结束，好几位扶轮社成员很兴

奋地跟我们说："我每年都来参加年会，今年的专题演讲是最安静的，大家都很认真地听，你们的故事说得都很好。"

照片发声，让观众如临现场

有一次，我们全家到华山文创园区（位于台北市）看卡通人物的展览。那天艳阳高照，从外围走到展览地点，阳光直射得人难受，安安牵着我的手，满身是汗，频频说："妈妈，还有多久？我走不动啦！"

一到排队处，我心想完蛋了，展览最后一天果然人满为患。入口处的人龙静止不动，显然展场内已经水泄不通。我询问入口处别着识别证的工作人员："请问身心障碍者可以优先进入吗？"

工作人员要我等一等，转身走到展场里，随即出来了一个似乎可以决定我们能否优先进入的穿黑色T恤的工作人员，她看了看挂着拐杖屈膝的安安，回头对我说："这位妈妈，不行哟！你看外面这些人都排了这么久，你可以让小孩在这边楼梯坐着，你去排队，等轮到你时你再带小孩进去。"

我反映了太阳很大，楼梯并无遮蔽物，身心障碍者没有多余的体力可以在太阳下等候太久。她说了不下十次"这位妈妈我可以了解你的感受。但这边的人都排了很久，先让你进去对他们来说并不公平"。

幻灯片中关于络绎不绝的购票民众的照片，传递的是身为身心障碍儿童的母亲渴望孩子能以有限体力看展览的心情。

影像揭秘，带来不同感官冲击

几年前，我们全家到中山堂听了场亲子音乐会。演奏者与大朋友、小朋友的互动非常好，大家其乐融融。

音乐会结束后，观众与表演者合影，许多家长与小朋友纷纷冲向前跟演奏家们合照，平平、安安因为音乐会的欢乐气氛也跟着排队。有位音乐家注意到了我们，指引我们往前站，对着排在最前头的家长们说："请礼让，不方便的孩子不便久候。"这位音乐家不只琴艺过人，擅长带动现场气氛，还重视、关怀弱势群体，而且以身作则，就像我在TED演讲上说过的："只有家长带头做，孩子看着看着才会一起做。"

我还记得那天走往停车场的路上，平平很轻松地说："妈妈，那个老师人好好呀！我们动作这么慢，他还等我们呢！"那一年，平平9岁，她感受到那位老师对于弱势群体的重视。"大家知道这是哪一位音乐家吗？"观众们定睛在屏幕上，心里猜测着是不是他们认识的音乐家。屏幕上这才出现大提琴家×××老师与平平、安安的合照（×××老师是谁？解答在文末）。

凸显关键词，发挥呼吁作用

记得我帮身心障碍学生凯安出考卷的时候，也有学生跟我说："仙女，你都帮凯安出了考卷，可以也帮我出1份吗？"我回答他："如果你愿意过着和凯安一样的人生，我可以帮你出10份。"学生摇摇头，装可爱地蹦跳着离开了办公室。安安的物理治疗师说过："一般人觉得很短的路程，安安得花比常人多20倍的力气才能走到。"与其对弱势者讲公平，不如对弱势者讲人权，在他们愿意走到户外的时候多给予他们一点友善与体贴，这就是尊重了。

这场演讲是以我自身的经历让大家了解弱势群体所需要的协助，希望大家可以发挥自身影响力，帮助弱势群体。

屏幕上结尾页出现一行大字：期许大家"做个有温度的人"。主持人孟汉说："依TED演讲完的惯例，全体观众起身鼓掌对讲者致意。"那一刻我觉得天将降大任于斯人，无非希望我们用自己的生命来影响更多的生命。

巧用幻灯片，为故事加分

说故事时为了让表达更加流畅，通常并不建议过多使用幻灯片，因此在幻灯片的使用上，必须注意三个小技巧，才能为故事加分：

1.大图会说话：用满版图片说故事。在幻灯片上放上展览入口处人满为患、安安屈膝等场景的照片，避免讲者描述的画面与观众想象的画面之间有落差。

2.关键词句强化："做个有温度的人"，只要观众记得这句话，至少会在遇到身心障碍者时具有行动的力量，能时时传递温暖，协助弱势群体。

3.保留悬念：在音乐家照片出现前的所有故事铺陈都会让观众产生期待心理，一直要到揭开谜底的那一刻才能出现平平、安安与音乐家张正杰老师的合照。下次说故事如果需要搭配幻灯片，就可以这么试试看！

用幻灯片为故事加分的三个技巧：

1.大图会说话

2.关键词句强化

3.保留悬念

哀伤的故事该怎么说

拿捏力道，注意观众的情绪

讲述哀伤的故事时，要记得悲伤而不过分，抒发情感但有节制。故事愈是悲伤愈需要含蓄蕴藉，愈要留给观众沉淀的时间。

说故事还真的不是件困难的事情，人人都会说故事。但是，说故事只要一牵扯到比赛，我一定会被问到这样的问题："仙女老师，是不是一定要讲到让大家哭，才能得到前三名？"应该这么说，那些让观众真情流露、流下眼泪的故事，要不是大家曾经经历过的，要不就是大家无法承受的。对前者的眼泪是慨叹人生际遇何其相似，主讲人讲出我们没能说出口的心声；对后者的眼泪是对他人苦难的理解，是对主讲人坚韧不拔地跨越重重险阻时的赞叹。哭，简而言之就是纷乱情绪的逃生梯。

情绪溃堤，观众也承受不住

在一次企业内训中，美娟一上台第一句话告诉我们："这是个既真实又让人难过的故事。"这样的宣告方式就像校正器将观众从每个存疑的情境中拉回现实，同时也为自己的情绪控制预先做了妥善的准备。室外艳阳高照，教室里一片死寂，学员们有默契地试图淡化低迷得不能再低迷的氛围，然而想喝水却不好意思拿水杯，想移动久坐的臀部又怕椅子转动发出声响。美娟用尽力气地说故事却让教室里有些尴尬。

印象中美娟是这么说的："我妈妈是童养媳，从小在家里就没有地位，外面的人看到家里人这么对她，自然也不给她好脸色，穿的衣服是邻居给的旧衣，一天要帮家里煮三餐，煮得不好吃，外公外婆对她就是一阵毒打，皮开肉绽是常有的事。家里其他的人对她，也是如此，这个家庭是个典型的弱肉强食的小型社会。"

美娟接续说着更多悲惨的事，触目惊心，就像出鞘的刀，刀刀见骨，一幕幕渗血的画面让我旁边的评审停下了手中的笔，皱着眉头。美娟边说边哭，直至泣不成声，坐在第一排的王恺赶忙递面巾纸，美娟眼睑上还粘着白色的纸屑，没说两句，又哭了几分钟，整场演讲将近七成的时间都浸泡在泪水中，断断续续的故事就像高铁过山洞时接收或发送的时断时续的信号，有着几段空白。我一回头，看到多数的观众眉头深锁，这样的呈现方式超过了观众情绪的负荷。

拿捏情感，才能说进观众的心里

美娟下台后，反而平静了，她说："仙女老师，说故事真是疗愈自我的好方法呀！我边说边发现原来我小时候轻视我妈妈是这么的幼稚，除了哭让我的故事讲得不顺，您还可以再给我一些建议吗？"我问美娟："你想听真话还是场面话？"

她回答我："仙女老师，我都四十几岁的人了，有什么不能承受的，你就直接告诉我好了，如果我能把故事说得更好，我就能帮助更多状态不好的人，我想要帮助更多像我这样的人走出来。"

我说："美娟，你愿意上台分享，勇气十足、诚意满分。但是，即使你已经告诉观众这是真实的故事，但观众没有预期到你故事的强度和你情绪的波动，前两分钟观众还可以忍受，时间一长，有些观众关上了耳朵，有些观众不知所措，他们对你的故事却步，你却陷溺在自己的情绪中无法抽离，反而是观众在想该怎么拯救你，才不会让你当场难堪。"

有个成语叫作"哀而不伤"，意思是悲伤而不过分，抒发情感但有节制。愈是感性的故事愈打动人心，相较于用过高的音量、狂奔的眼泪和过分拟真的字眼，我建议你用以下的方法，更能让观众顺着你的指示走到故事里。

掌握关键，让故事哀而不伤

1.场景的打造。就像电影一开始先营造氛围，让观众循序渐进地融入当时的故事情境，这样对观众最没有压力。寻常、普通的场景提供进入故事的钥匙，其他限制级部分让愿意深入思考的观众自行脑补。

美娟可以这么说："每到了晚上，妈妈会小心翼翼地把房门锁上，再三确认窗户紧闭，才敢上床。只要房间外面有个风吹草动，如小舅晚回家轻手轻脚的声音，妈妈也听得一清二楚；外公翻身，木板床的唧唧声让妈妈瞬间清醒；就连大舅上厕所的冲水声，也能让妈妈止不住地发抖。我问妈妈：'妈妈，你什么时候才能好好休息呢？'妈妈苦笑地跟我说：'还好妈妈那时候念初中，老师都不管我们，只要一到学校，老师开始上课，我就不知不觉趴下睡着了。'"

借由夜间就寝的场景让观众体会妈妈的惴惴不安。

2.境遇的悬殊。托尔斯泰曾说："幸福的家庭都是相似的，不幸的家庭各有各的不幸。"人们很容易想象幸福的家庭是什么样子的，就像《甜蜜的家庭》这首歌："我的家庭真可爱，整洁美满又安康，姊妹兄弟很和气，父母都慈祥。"如果这是一幅画，肯定色彩明亮。与美娟妈妈的不幸形成巨大的落差。

美娟可以这么说："中午打开饭盒，妈妈永远是那个最早吃完饭的人，她不敢让同学看到饭盒里只有白饭和酱瓜；夏天的操场上，只有妈妈一个人穿着长袖，她不想露出手臂上曾经被酒醉的外公用玻璃瓶划下的8厘米长的伤痕。"借由这些与众人不同的方式凸显出主角处境的可怜。

3.情绪的控制。水能载舟，亦能覆舟。情绪能为故事加分也能为之减分。愤怒时高亢的语调不宜超过演讲时长的三成；悲伤时的停顿不超过30秒，时间过长会阻碍故事的开展。掌握控制情绪的方法并非一日之功，上台前多加练习，就像琼瑶戏剧里的女主角，悲伤到不能自已，眼泪不停地在眼眶打转，在心里深深地吸一口气，故事就会顺着泪水流进观众的记忆里。

美娟后来告诉我，她母亲目前在基金会当义工，协助受虐妇女。我听了大为感动，惋惜地说："你怎么没有当场讲出来！母亲的这个故事肯定能够激励许多人。"

美娟不好意思地回我："就是因为哭得太伤心了呀！情绪一来就忘记说重点啦！"观众在乎的是故事的主角到底怎么翻转逆境，这些才是苦难之后的养分，化作春泥更护花，正是故事的价值，更是作者现身说法的意义。别让眼泪夺走你的话语权。重点不是有多悲伤，而是如何打动观众。

故事愈是悲伤愈需要含蓄蕴藉，愈要留给观众沉淀的时间。

··

　　帮助观众听进哀伤故事的三个关键：

　　1.场景的打造

　　2.境遇的悬殊

　　3.情绪的控制

··

如何说出激励人心的故事
用画面让观众记住故事，也记住你

与其一直以励志的话鼓舞人心，不如说出自己曾经遇到哪些阻碍，怎么克服逆境，才站上了成功的舞台。

第一届汇集了全台湾顶尖销售高手的演讲赛，邀请我担任导师，指导这些销售专家说自己的故事。躬逢其盛的我格外兴奋，会场星光熠熠，男生清一色西装笔挺，女生则是精致的套装，正式的穿着看得出他们对这次活动的重视。

不流于口号，让故事具有新鲜感

两天的课程是这么安排的：第一天白天带140位顶尖业务员上说故事课程，晚上用餐后，10个小组各自离开，小组内的14个人各自说3分钟故事，从中挑选出一名表现最好的人，与其他组推派出来的选手进行决赛。第二天，这10位佼佼者将依次对在场百余人讲述5分钟的故事。

刚开始听故事还挺有新鲜感的，但愈听就感觉大家的故事相似度愈来愈高，例如：

"我们一定要诚诚恳恳地拜访客户，任何客户都有可能成为我们的顾客，愈是难搞的客户愈有可能让我们变得更强大……""在我心里没有难搞的客户，只有驱使我们往前的客户，只要我们努力，没有不会成交的案子……""我现在是经理，年薪300万，没有不景气，只有不争气。人生没有过不去的关卡，是你让自己停在原点……"愈是出类拔萃的高手，愈容易忘记过程的艰辛，愈是不小心把故事简化为结论。

顶尖业务员肯定具备强大的挫折忍受力，才能面对客户无情的拒绝，无怪乎他们是各自公司业绩最好的人。与其一直以励志的话鼓舞人心，不如说出自己曾经遇到哪些阻碍、怎么克服逆境、如何努力、产生了哪些质变，才站上了成功的舞台。

补强画面，让观众记忆深刻

第一天晚上，永汉靠着他良好的口才、强而有力的手势、诚恳的态度在组内晋级。距隔天的大赛剩不到10小时的准备时间，我把我的想法告诉永汉：通过描述画面让观众有更多的临场感，取代他说"我有多么的认真"。第二天的比赛，永汉对于画面的掌握是所有学员中最细腻的，就让我带着大家重回当天比赛现场。

即刻还原故事情境，让观众感同身受

永汉一上台就问大家："如果公司通知要拨VIP客户给你，愿意的请举手。"只见全场学员手举得笔直，脸上挂满了笑容，坐在教室最后方几排的学员担心永汉看不到他们，或者说是他们担心看不到永汉，甚至激动地站了起来。我还听到旁边学员的对话："好啊，能不要吗？""当然好啊！最好多多益善。"放眼所及，我看不到没有举手的人。我心里想："这是让人心动的选项。"

永汉第二个问题是："如果公司指派你去处理别人不想管的客诉理赔案件，愿意的请举手。"我看到有些学员迅速放下了手；也有些学员考虑了一下，把手抽了回来；有些学员的手依旧高举；也有些学员手臂弯在半空中进退维谷。难搞定的客户让人心存疑虑。

永汉坦然地说："你的理赔投诉客户可以变成我的VIP钻石客户，我是平镇邱永汉。"

台下所有人眼睛发亮，目不转睛地盯着台上。30秒的自我介绍仅仅通过举手互动就让演说现场成为故事里的画面，引领观众走入故事情节中。经典好戏都是这么登场的。

愈是私密的内心独白，愈是要说给大家听

3年前，永汉接到一个客诉理赔案件。接这种案件，通常吃力不讨好，成功了不列入绩效，疲于奔命也没有津贴，没有人想要去接这烫手山芋。不过，对永汉而言，他心里倒是没有太多的犹豫。

永汉这么说："我认为他是公司的客户，既然没有人要接这个客户，那我就把他揽下来好了。谁知道我第一次拜访萧先生，萧太太看到我劈头

就骂：'你们公司就是烂！就连收费也不来！打个电话三催四请的。'我隔壁的学员睁大了眼用闽南话说：'永汉真是好心被雷劈。'"

永汉又说："我心里想，如果我不再服务，不就跟之前的业务员一样吗？我就是公司的品牌，我就是公司的形象，我就是要翻转萧先生对我们公司的印象。"他讲得坚定，台下听得热血沸腾。就连我也不例外，每次教到桀骜不驯的学生，我也会想该用什么方法才能让这样的学生愿意学习。

他接着说："愈是置之不理的客户，我愈是想征服他。我就像理发店一样，终有一天等到你！"永汉用理发店这种只能在心里出现的神比喻，画面感十足，效果奇佳，现场笑声不断、喝彩声不绝，掌声差点盖过他接下来要说的话。

记忆深刻的事，要带着观众重回现场

"萧先生每次住院，我开车载他去医院；他开刀，我买樱桃去看他；他出院，我再开车载他回家；他化疗复诊我也陪他。终究不敌肝癌的摧残，他拔管回家了。"我发现学员们聚精会神坐得直挺挺地听永汉讲述接下来怎么处理萧先生的案子。

"在安宁病房里，我扶着萧先生跟他说，我会尽我所能帮忙照顾他那两个读小学的儿子。萧先生癌症末期，脸上因疼痛出现了狰狞的表情，原本站在门边的其他同行，怕得退到了病房外。我按着萧先生的颈动脉，直到停止跳动，医生宣告萧先生走了，其他业务员依旧怕得站在病房外不敢进来。当时萧先生的告别仪式影片是我剪辑的，火化和进塔都是我帮忙处理的。"我隔壁的学员眼底泛泪，用闽南话说："甘愿做，欢喜受。"

永汉对于萧先生所做的一切，让我想起父亲过世的那一段日子，全家哀恸逾恒，处理后事，身心俱疲。永汉却为丧家考虑周到，把客户视为家人，坚持与真心服务的故事感动了在场的每一个人。

烙印在观众心中的是一幕幕的画面

从容而温润，气势强却不压迫，永汉打动了评审与观众，过关斩将得到冠军，身为导师的我也跟着沾了光，与有荣焉。几天后，人力资源专员跟我分享永汉的好消息："这个月的主管会议播出永汉的5分钟故事，期勉所有同仁像永汉一样坚持。"恭喜永汉，用他的故事写下新的里程碑。

运用画面说故事的三个诀窍：

1.即刻还原故事情境，让观众感同身受

2.愈是私密的内心独白，愈是要说给大家听

3.记忆深刻的事，要带着观众重回现场

如何打造树立个人品牌的故事

详加描述，塑造故事人物形象

在故事中加强对人物的描述来凸显个人品牌，塑造鲜明的人物形象，也让听众留下深刻印象。

　　我很怕那种不断推销的业务员，听都还没听清楚他说什么，我就会直接回答"不要"。

　　10年前毕业的家祥来看我，他现在是房产中介业务员，从早到晚要带客户去看房子，突然冒出一句话："仙女，你有没有想要换房子？"我侧着脸看他，这让我想到那种不断推销的业务员，要不是家祥是我的学生，我真的很想赶紧离开。家祥高中时候，有的没的花样很多，说话头头是道，不想上课可以编出一百个理由说服我让他请假。课堂上的他可听不得大道理，其他任课老师总说家祥"上课一条虫，下课一条龙"，是个聪敏但调皮的孩子。

单刀直入，人物形象显而易见

我们见面的咖啡厅一楼是电器行，我指了指这家店跟他说，这条路共有两家电器行，路头那家店占了地利之便，就在菜市场旁边，人潮聚集，是很多人的必经之地，凡家里用得到的大小用品应有尽有。老板看到客人上门，都是笑容可掬地问："想买什么？我可以帮你介绍。""最近这个牌子的饮水机卖得很好，要不要看一下？用过的客人都说很棒。""这个吹风机也很棒，要不要看一下？用过的客人也都说好用。"

延长线和转接头这些小东西我都会到那里去买，结完账之后，老板也会提醒我拿几颗柜台上的山楂尝尝，如果好吃的话，可以跟他买，这是他弟弟的中药店里卖的。

家祥得意地看着我说："仙女，我就是这样子啊！客户到我们门市，我马上迎上前去招呼他们，推荐他们最近哪些地段的房子要出售。我桌上也有很多饼干糖果给那些来看房子的家长领着的小朋友。"

情节铺排，让人物形象更深刻

我跟家祥说，路尾这家电器行的老板，车祸之后脚有些不方便，但我在等红灯时观察过，他行动与做事的速度不输给一般人。他也会跟我打招呼："今天天气很好呢！"我没跟他买过东西，就是礼貌性地回礼对他笑一笑。安安小学三年级，刚学会用单支拐杖走路，我们母女放学时兴奋地买了大杯的珍珠奶茶庆祝，哪里知道就在安安吸了一大口珍珠，要把杯子交给我的时候，一时没拿稳，杯子掉了，里面的奶茶和珍珠洒了一地，而且正巧就洒在店门口。我很不好意思地向老板猛点头道歉。老板说："没事的。小朋友有没有事？""没事的，我刚好也要清洗店门口。"

好几次，我和安安经过店门口，老板都会亲切地跟我们打招呼："今天天气很好呢！"送货员下货时，老板也会说："没事的。小心不要受伤了。"老板经常挂在嘴上的就是"没事的"3个字。

有一次，朋友要到我家找不到路，打电话给我，说她在一家老板很亲切的电器行。她们问路之后表达感谢，老板响应她们："没事的。"我再经过电器行跟老板提及我朋友这一段故事，老板仍旧说："没事的，举手之劳。"

跟老板熟悉之后，我才发现高手在民间。去年冬天，老板说最近天气很冷，有些小孩生病，家长都要请假在家照顾小孩。以前王伯伯的女儿总是抱怨王伯伯冬天不洗澡，身上一股味，自从王伯伯买了浴室的暖风扇，现在待在浴室里都不舍得出来。老板体贴地说："我想你女儿行动不方便，动作比较慢，如果家里有暖风扇的话，她洗澡也会比较暖和，小孩不生病，大人就轻松许多。"

我买了3台暖风扇，家里1台、婆家1台、娘家也1台，总共花了7万多新台币。家祥说："路尾这个老板会说故事，就比前面那个老板只能卖仙女老师延长线和转接头多赚好多钱呢！"通常我们只叫老板，不会特别称呼他的姓名，为什么路尾的老板还是能够卖出高价的产品呢？我教家祥在故事中加强对人物的描述来凸显他的个人品牌，像路尾老板这样。

为故事人物树立形象

1.以惯用语增加识别度：一般业务员之所以让人反感，是因为只想卖产品："想买什么？我可以帮你介绍。""最近这个牌子的饮水机卖得很好，要不要看一下？用过的客人都说很棒。"

路尾的老板经常挂在嘴里的"没事的"让人一听就觉得温暖，与销售没有直接的关系，却在顾客心里长期发酵，对产品有需要时自然而然会想到老板。家祥的口头禅或是关键用语是什么呢？

2.观察客户需求：路头的老板就只想卖产品，路尾的老板会观察客户需求，最厉害的是老板会先说一个别人家的故事，这个人家里跟消费者有着类似的状况、相似的背景。

因为触动，所以购买。所以我和家祥说可以先仔细观察客户需求，再说一个曾经成交的客户例子，建立与新客户之间情感的联系，把客户的事当自己的事，才是打动客户的重要条件，客户才愿意买单。

3.危机是翻身的契机：珍珠奶茶打翻，一般店家会对我们报以白眼，而路尾老板却说他刚好要刷地，这就很成功地翻转了客户内心关于老板的形象，是很棒的加分机会。路尾老板用刷地来实践他"没事的"的口头禅。

我要家祥记得，如果没有成交，就是绝佳翻转客户对房产中介业务员印象的机会，可以想想看要让客户记得的你是什么样子，买卖不成，仁义在，情义在。像房子这么高单价的产品，客户会再上门的，甚至还会介绍别人给你。

3个月之后，家祥跟我说他不会再急着跟客户推销产品，这让身为老师的我感到欣慰。我问他："你找到惯用语了吗？"

他又用高中时期那鬼灵精怪的表情回答我说："有啊！客户说他要考虑一下，我就说：'慢慢来，我等你。'客户说这间房子不适合他，我就说：'慢慢来，我再帮你找。'"我们师生相视而笑。

亲爱的朋友，决定了故事的主题和结构，接下来你故事中的人物有哪些惯用语呢？写下来，你会发现你故事的主角充满了生命力！

为故事人物树立形象的三个诀窍：

1.以惯用语增加识别度

2.观察客户需求

3.危机是翻身的契机

故事吸引力 *4*

故事与戏剧

运用戏剧元素，发挥故事张力

戏剧是一种由演员扮演角色，当众表演故事的艺术，讲故事这件事也拥有戏剧表演的元素和张力。要增加故事吸引力，就必须了解一些基本的戏剧表演技巧。

在大三时，我是一个疯狂热爱戏剧的医学系学生。每个周末，我会搭公交车转地铁，从昆阳站一路坐到关渡站，到台北艺术大学自费上表演和导演的课程。不仅如此，因为太热爱表演，但是学校没有相关的社团可以参加，怎么办？那就自己成立一个！我突然蹦出这样的想法，并决定着手来试试看。

学校当时有约莫20个社团，要由学生自己发起成立新社团，是很困难的事。我记得当时有老师跟我说："不用搞到成立社团吧！学校有电影欣赏社啊！你这么喜欢这些东西，就去参加电影欣赏社嘛！"电影欣赏社是社员人数最多的社团，因为每周社团活动时间可以看一部电影，其实也不错，只是那不是我要的。

我先找了几个跟我一样热爱表演的同学，再想办法寻找有经验的老师。老天保佑，当时在视听中心有一位老师竟然是台北艺术大学剧场设计系毕业的，实在是缘分。最困难的，是自己草拟签文，打通老师设下的无数层关卡。经过不停地沟通协调，终于在奔走了几个月之后，"戏剧社"正式成立。

一年之后，我们把侯文咏的《白色巨塔》搬上学校大礼堂舞台，进行成立社团之后的首次公演。我们改编剧本、做布景道具、相互化妆、练习配乐、学怎么把舞台灯拆下来换色片……印象最深刻的，是我们还必须把舞台上斗大的孙中山像拆下来，我们战战兢兢地完成这项工作。

首演很成功，之后我们在同一个场地又办了几次不同剧目的公演。两年之后，因为接班的学弟学妹实在太优秀了，我们被邀请到牯岭街小剧场表演，跟另外几家大学的戏剧社一起举办剧展，并且售票演出。我根本不记得当时社里有分到多少钱，只记得首演开始前一刻，剧场灯暗下来，观众们渐渐安静下来，还有我们手心微微出汗的感觉。那是年轻的滋味。

戏剧表演经验对说故事的影响

毕业离开学校，进入医院之后，我就很少站上舞台了。一直到2016年，我站上TED×Taipei，China的舞台，在台上说了6分钟关于父亲生病的故事。很多人跟我说："朱医师，你的表现好棒，你是不是常常演讲？"我总是摇摇头。我才发现，原来十多年前站上舞台表演的经验，对后来说故事大有帮助。

故事说到这里，我想告诉大家两件事情：首先，人生没有白费的努力，所有的人生历练都是有意义的，只是有时候我们不知道它的意义会是什么。我们能做的，就是把每一个当下过好，认真做每一件正在做的事并从中积累经验，不要把时间白白浪费，也许就有机会在未来的某一天顿悟："啊！原来那时候做这个是因为这样！"另外，说故事，其实也是一种表演，它跟戏剧表演有非常紧密的联系。

从戏剧延伸到故事

戏剧是由演员根据设计好的剧本扮演角色，在舞台上向观众表演故事情节的一种艺术。

这句话有很多关键词：戏剧、演员、设计、舞台、观众、表演、故事。这些元素，从说故事的角度来阐述，你会发现，说故事和戏剧表演是类似的。

1.设计：说故事通常不是即兴上台就说的，一个好故事，通常精心设计了许多段落和结构，就像前面所提到的"开、起、转、合、联、动"一样。

2.演员：说故事的人是一个演员，厉害的讲故事的人可以自在地穿梭在各种角色之间。有时候他是旁观者，有时候他可以跳进故事变成里面的一个人物，有时候又可以再转换成另一个人物……绝对不只是单纯说故事而已。

3.舞台：不论是在现场对着几百人说故事，还是在家中房间里对孩子说故事，都是在一个空间里头说。因为有空间，就有对于空间的运用，比方说走位或动作。在比较大的空间，因为有些观众距离舞台很远，为了加强他们听故事的体验，就需要使用手势。

4.观众：说故事通常不会是自己对自己说，而是面对一个人、好几个人，甚至一群人。说故事的人必须知道观众是谁，他们为什么来听故事，听了故事之后对他会产生什么影响。另外，有了观众，当然就会有互动，就必须有眼神的交流。

5.表演：说故事也是一种表演，所以为了要真正说好故事，我们对自己声音的掌握、肢体的运用，以及表情变化的认识必须到位。这些都是表演的一部分。

由此观之，说故事和戏剧表演是类似的，故事也拥有戏剧的元素和张力。要增加故事吸引力，就必须了解一些基本的戏剧表演技巧。在接下来的章节里，我们一一来聊聊故事吸引力的三大要素：声音、肢体、表情。

故事与戏剧的五个共同元素：

1.设计：好故事通常是精心设计的

2.演员：厉害的说故事的人可以自由转换各种角色

3.舞台：不论空间大小，都有对于空间的运用方法

4.观众：故事通常不会对自己说，一定会有观众

5.表演：说故事也是一种表演

如何使用声音技巧
声音的变化让故事更精彩丰富

音量大小、音调高低、节奏快慢，都是我们可以控制的，对这三个方面做出调整可以让故事变得更生动、更有张力。

　　一个故事要呈现在众人的面前，有很多方式：可以写下来成为文字，让读者用眼睛看到故事的起伏；可以拍出来成为影片，让观众用眼睛观察故事的画面；可以说出来成为声音，让听众用耳朵聆听故事的流动。

　　这三个途径之中，最有历史的，莫过于用声音说故事。古时候的人，不正是在星空下、营火旁，围在一起说着上一辈人传下来的一个又一个的故事？因此，我们所学习的，是一种古老的技艺。要用声音说好故事，就必须对声音的本质有所了解，才有办法随心所欲地掌控它。声音的特性很多，有非常多可以钻研的地方。今天，我们可以从仙女老师的TED讲稿出发，学习声音的运用。

研读仙女老师公开的讲稿，我们来看她如何运用声音：

"我是个高中老师，今天要说两个故事。（语气停顿）第一个故事发生在2014学年。特教组问我：'余老师，身心障碍学生凯安安置在你的班上好不好？'所谓身心障碍学生不是肢体障碍，就是心智不成熟。唉！我想请问各位两个问题：第一个问题是，您愿意您的孩子跟身心障碍学生同班的，请举手。（停顿一秒）谢谢大家，请放下，大部分的人是愿意的。第二个问题是，您愿意您的孩子是身心障碍者的，请举手。（停顿一秒）没有人举手，显然这不是我们生命当中的选项（音量降低）。

"全台湾目前约有十万名身心障碍学生。我们一般的老师只修过几个学时的特殊教育，（加重语气）我们根本不知道怎样带这样的孩子，我想最简单的就是把他晾在一旁不要惊动他，对他就是最好的照顾了。特教老师很严肃地告诉我：'余老师，如果你忽视凯安，那么学生看着就会一起忽略凯安。'所以从小学开始，同学看凯安反应慢，就有意无意地逗弄他，觉得好玩，看他没有反抗能力（语调上扬）就殴打他，这就是'霸凌'。"

看出端倪了吗？说故事的声音运用有三个重点：音量、音调、节奏。

营造故事氛围的要素——音量

一个故事，一定有相对重要和相对不重要的情节和段落。而如何把这些情节和段落区隔出来，靠的就是对声音的掌控。音量的控制在说故事这件事中是非常重要的一部分，我们来看看仙女老师的TED演讲视频，在哪些地方使用了音量控制的技巧。

（音量降低）没有人举手，显然这不是我们生命当中的选项。

说故事要有主题的三大原因：

1. 在最短的时间里找到与观众的交集

2. 用最短的内容与观众互动

3. 花最少的语言走进观众的心里

针对不同对象，确立故事方向的三个步骤：

1. 优先定锚
2. 刻意练习
3. 搭建"心桥"

_____

_____

_____

_____

_____

_____

_____

_____

_____

_____

_____

_____

_____

_____

思考三件事情，打造故事整体感：

1. 自我映射
2. 讲者表态
3. 传递价值

_____

_____

_____

_____

_____

_____

_____

_____

_____

_____

_____

_____

_____

_____

_____

_____

想想这三点，找到故事的使命感：

1. 这是少数族群的议题，我希望大众关注

2. 这是容易被忽视的议题，我希望大众明白

3. 这是多数人逃避的议题，我希望大众正视

_____

_____

_____

_____

_____

_____

_____

_____

_____

_____

_____

_____

_____

点出初衷，唤起观众行动力的三个好处：

1. 把个人的故事与观众联结，扩大影响
2. 唤起观众隐藏的热情并化其为具体行动
3. 找到志同道合的伙伴，可以走得更远

_____

_____

_____

_____

_____

_____

_____

_____

_____

_____

_____

_____

_____

三个步骤，找到故事的价值：

1. 先删去
2. 做笔记
3. 看改变

_____

_____

_____

_____

_____

_____

_____

_____

_____

_____

_____

_____

_____

_____

故事结构力六字诀：

开、起、转、合、联、动

_____

_____

_____

_____

_____

_____

_____

_____

_____

_____

_____

_____

_____

_____

_____

_____

四种方法，营造好的开场：

1. 肢体号召—举手法
2. 实物辅助—道具法
3. 开门见山—自我介绍法
4. 直接开场法

_____

_____

_____

_____

_____

_____

_____

_____

_____

_____

_____

_____

故事开头必备的三个元素：

1. 主角：故事的灵魂

2. 时间和地点：故事的"锚"

3. 主角的志向或目标：故事的方向

_____

_____

_____

_____

_____

_____

_____

_____

_____

_____

_____

_____

_____

_____

故事转折的四个方式：

1. 缺陷：丰富内容的要素
2. 对手：凸显张力的关键
3. 冲突：贴近现实的素材
4. 困难：高潮迭起的要点

1. 克服: 赋予转折更大的意义
2. 感动: 情绪收束更令人回味
3. 学习: 悲伤的故事也能有正面的结尾

让故事和观众联结的两个金句与三个技巧：

"故事说到这里，我想跟大家说……"

"这个故事告诉我们的是……"

1. 了解听众：联结的第一步

2. 撷取意义：同一故事不同主题

3. 使用问句：引起观众的反思

两个金句加上"二不二要"，说一个有影响力的故事：

"我想拜托大家两件事……"

"如果你也可以……"

1. 不要充满口号

2. 行动不能太难

3. 行动要具体简单

4. 复杂行动要排出步骤

_____

_____

_____

_____

_____

_____

_____

_____

_____

_____

_____

_____

_____

带领观众进入情境的三种方法：

1. 善用场景音调节情绪
2. 设计提问，增强共鸣
3. 调整语速，强化张力

使用时间轴说故事的三个好处:

1. 将观众的经验与故事联结
2. 见证讲者的转变
3. 抚平伤痛的良药

_____

_____

_____

_____

_____

_____

_____

_____

_____

_____

_____

_____

_____

_____

用与观众有共鸣的语言说故事的三种方法：

1. 愿景先行，满足渴望

2. 要能马上有感觉，而不需要"转译"

3. 拿出对照组，增加真实感

让观众感受到故事画面如在目前的三个方法：

1. 说出看到的：清楚描述画面
2. 说出差异化：比较日常所见
3. 说出个性化：带入自身经验

_____

_____

_____

_____

_____

_____

_____

_____

_____

_____

_____

_____

_____

_____

_____

_____

塑造人物形象的三个重点：

1. 称呼是标签
2. 事件的描述
3. 客观的对比

用幻灯片为故事加分的三个技巧：

1. 大图会说话
2. 关键词句强化
3. 保留悬念

_____

_____

_____

_____

_____

_____

_____

_____

_____

_____

_____

_____

_____

运用画面说故事的三个诀窍：

1. 即刻还原故事情境，让观众感同身受
2. 愈是私密的内心独白，愈是要说给大家听
3. 记忆深刻的事，要带着观众重回现场

为故事人物树立形象的三个诀窍：

1. 以惯用语增加识别度
2. 观察客户需求
3. 危机是翻身的契机

故事与戏剧的五个共同元素：

1. 设计：好故事通常是精心设计的
2. 演员：厉害的说故事的人可以自由转换各种角色
3. 舞台：不论空间大小，都有对于空间的运用方法
4. 观众：故事通常不会对自己说，一定会有观众
5. 表演：说故事也是一种表演

使用声音技巧须注意的三个方面：

1. 音量：营造故事氛围的要素
2. 音调：区别情绪起伏的重点
3. 节奏：掌控情节张弛的要领

运用肢体说故事的三个重点:

1. 眼神: 与观众亲密交流
2. 手势: 与生俱来的道具
3. 走位: 角色转换的技巧

关于表情练习的三个建议：

1. 认识到自己的表情在别人眼中（或是镜头中）是什么样的

2. 基本情绪（喜、怒、哀、惊）对应表情的练习

3. 让自己说话时的情绪跟面部表情相契合

_____

_____

_____

_____

_____

_____

_____

_____

_____

_____

_____

_____

_____

_____

使用实物道具说故事的三个技巧：

1. 道具不只是道具，更要说出意义
2. 一个故事，使用一个关键道具即可
3. 不只是拿出来，而且要经过设计与练习

_____

_____

_____

_____

_____

_____

_____

_____

_____

_____

_____

_____

_____

_____

（使用音乐说故事的三个建议：）

1. 找到相符的音乐
2. 摆在恰当的位置
3. 搭配合适的练习

_____

_____

_____

_____

_____

_____

_____

_____

_____

_____

_____

_____

_____

_____

如何用故事让简报给人留下深刻印象的三个重点:

1. 故事必须跟简报主题高度相关
2. 故事的比例需适中
3. 故事最好是自己的亲身经历

_____

_____

_____

_____

_____

_____

_____

_____

_____

_____

_____

_____

_____

练习说故事的三大重点：

1. 练习面对情绪
2. 练习非语言的表达
3. 提升语言的流畅度

除了"脑中一片空白",使用三个方法让你找到更多语句:

1. 描述想法:把内心小剧场说出来
2. 描述动作:让你的故事更生动
3. 描述场景:带观众回到现场

_____

_____

_____

_____

_____

_____

_____

_____

_____

_____

_____

_____

_____

使用九个策略，讲一场接地气的演讲：

1. 搜集素材——从聊天中获得题材

2. 重击痛点——一个问题警醒观众

3. 真相附图——图片"发声"吸引观众

4. 善用停顿——引起观众的好奇心

5. 具体人物——形象鲜明加深记忆

6. 时间长度——刺激观众的感受力

7. 声音强弱——引领观众进入情节

8. 看着观众——拉近与观众的距离

9. 唤起行动——理解观众的想法

十个技巧，用故事将危机化为转机：

1. 转折愈大，效果愈强

2. 说给谁听

3. 找到使命感

4. 营造整体感

5. 发挥价值

6. 表情感染力

7. 走入场景中

8. 人物形象化

9. 语气的顿挫

10. 故事续航力

_____

_____

_____

_____

_____

_____

_____

_____

_____

（降低音量）班上聊天的声音愈来愈"小声"。

（降低音量）台上的佳昕说了一句话，我那时候眼泪就掉下来了。

（音量再度回归）第二个故事的主角是安安，安安是个患有脑性麻痹的孩子。

（音量提高）小学的时候，安安的学习跟不上同学的脚步，她连同学说的笑话都听不懂，（停顿一下、音量降低）因为脑性麻痹，安安的脚是这个样子。

（音量提高）小朋友觉得好玩，学安安这么站，一个人学（音量降低至原来的七成）、两个人学（音量降低至原来的五成、速度降慢），一群人在旁边笑。

（回归原本的音量）但是这些同学总有办法叫安安站起来。毕业典礼预演的时候，他们和安安说（声音提高、速度提高、咬字用力）："我们全班都站起来，为什么你不站起来！"

（音量降低、速度变慢）安安就是这么站着，一个同学学她、两个同学学她，一群人在旁边笑。

讲者音量大的时候，通常是情绪高涨的时候；讲者音量小时，也可以表达出许多不同的情绪。控制音量大小的技巧在讲故事时的不同语境下使用，可以使故事讲得更扣人心弦，让我们整理一下。

音量大：坚定、正向、强调。

音量小：怀疑、负向、期望。

很多时候可以将音量放大：语气坚定的时候，例如演讲者讲述他的理念，这时可以大声；述说到正向段落的时候，例如故事刚开始，主角进入画面的时候，可以加大音量来营造愉快的氛围；需要强调故事中某个重点的时候，可以大声一点，也就是一般所说的"重音强调"。

而如果讲到一些较为阴郁的段落时，有时讲者会带有一点点怀疑的情感，这时可以把声音放小。遇到负面的情绪，例如描述身心障碍者遇到的挫折时，音量要小。讲到故事的转折处，需要引发观众对于下一阶段期待的时候，也可以降低音量营造期望的氛围。

区别情绪起伏的重点——音调

同样以仙女老师的TED演讲为例，我们来看看在哪些段落使用了音调控制的技巧。

看他没有反抗能力（语调上扬）就殴打他，这就是"霸凌"。
（语调上扬）所以我每天语文课上课都会点凯安，他会神经紧绷、表情僵硬。
我听到同学跟他说："凯安，慢慢来，我等你。"（语调上扬）
你们知道佳昕说的是什么吗？（语气变轻、速度变慢）

仙女老师多半都是使用音调上扬的效果，而较少让音调变得低沉，这当然与演讲者风格和故事内容有关。我们来整理一下不同音调所拥有的不同效果。
音调高：兴奋、愤怒、女性。
音调低：哀伤、焦虑、男性。
若是讲到情绪较为兴奋的段落，可以将音调拉高，例如"我听到同学跟他说：'凯安，慢慢来，我等你。'"；愤怒的时候也是一样，例如"看他没有反抗能力就殴打他"；若是故事中出现不同角色，女性角色说话时可以将音调拉高一点，作为区分。同样地，需要强调的故事段落也可以将音调拉高，就是所谓的"高音强调"。相对地，感性哀伤的段落、焦虑不安的情节，或是故事中的男性说话时，可以把音调放低，营造出不同的氛围。在适当的段落做出音调高低的变化，更能丰富故事的情感层次。

掌控情节张弛的要领——节奏

节奏主要有两个部分：速度和停顿。而仙女老师的TED演讲，在哪些段落有使用节奏控制的技巧呢？

我是个高中老师，今天要说两个故事。（语气停顿）

佳昕说的是我这600多天每天重复不断说的话（语气拉长、速度放慢）。你们知道佳昕说的是什么吗？（语气变轻、速度变慢）佳昕说的是："凯安，慢慢来，我等你。"安安的学习跟不上同学的脚步，她连同学说的笑话都听不懂，（停顿一下、音量降低）因为脑性麻痹，安安的脚是这个样子。

毕业典礼预演的时候，他们和安安说（声音提高、速度提高、咬字用力）："我们全班都站起来，为什么你不站起来！"

（音量降低、速度变慢）安安就是这么站着……

这么多年我没有办法帮助自己的女儿，我是一个很无助的母亲。（节奏变快）

整体而言，节奏快慢可以做出以下区别。

节奏快：单纯叙述、情绪紧张、次要内容。

节奏慢：投入情感、提供数据、主要内容。

在叙述故事的铺陈段落，只有情节没有画面或情绪的时候，可以让讲述速度快一点。故事角色出现紧张的情绪时，也可以适时加快速度营造紧张感；相反地，若是遇到情感很多、很满的段落，记得节奏一定要放慢，愈慢愈好，还要加上停顿。若是需要特别让听众加深印象的地方，也可以将节奏放慢，加上更多停顿。

整体而言，述说次要的故事支线可以说得快一点，说到主要的故事情节要放慢速度。速度有快有慢，才有所谓的"节奏感"，若是整个故事都用一样的语速、一样的停顿时间来讲，就显得较为平淡无奇了。使用声音的三个技巧，你学会了吗？音量大小、音调高低、节奏快慢，都是我们可以控制的，对这三个方面做出调整可以让故事变得更生动、更有张力。

使用声音技巧须注意的三个方面：

1.音量：营造故事氛围的要素

2.音调：区别情绪起伏的重点

3.节奏：掌控情节张弛的要领

课后练习

朱为民医师的TED演讲，你觉得可以在哪里加上声音的控制与变化呢？请在括号处写下你对于此处音量、音调和节奏的想法。

大家好，我是朱为民，我是一个安宁缓和医师，在安宁病房的7年当中，陪伴过超过500位临终病人，走过人生最后一段旅行。

现在，请大家跟着我走进急诊室，想象这时你有一个你最爱的人，可能是你的另一半、爸爸、妈妈、阿公、阿嬷。你焦急地等待，这时候，急诊室门一开，医生走过来跟你说（　　　　　）："很抱歉，目前的情况，再多的医疗措施也只是延后他的死亡日期，并不会减轻他的痛苦……你是否考虑拔管，让他舒服地走？"

（　　　　　　　）拔管，通常表示接受死亡。请问大家，在这个时刻，会觉得有点犹豫，有点挣扎，甚至不知道怎么做的，请举手。谢谢，请放下。尽管我是一个安宁医师，对于临终和死亡非常熟悉，但到了那一刻，我也跟现场的绝大多数的各位一样，挣扎、犹豫，不知道要怎么做！

我是家中独生子，出生时，父亲50岁。2013年，我父亲81岁。一天早上，他在家运动的时候不慎跌倒，头撞到地上，倒地不起，不省人事。是脑出血，很危急。急诊室医师问我妈妈："伯母，伯父的状况有生命危险，如果病情有变化，你要让他接受插管、电击那些急救治疗吗？"我母亲泪眼汪汪、六神无主，转过来问我："你说呢？"（　　　　　　）那一刻我记得很清楚，急诊室很吵，隔壁床的病人正在急救，心跳监视器"哔哔哔哔"的声音不断传过来……当时，我做了一个至今我仍然后悔的决定，我跟我妈说：（　　　　　　）"妈，我不知道，你决定吧。"

（　　　　　　　）我是一个安宁缓和医疗医师呀！我每天的工作就是问末期病人，要选择什么样的医疗，但是当今天主角变成了自己最亲的人，我反而不敢做决定，还把责任推给我的母亲。我很难原谅自己。

我父亲和我当时面对的困境，其实每天都在发生。我曾经看过，一个80岁中风昏迷不醒的阿嬷，她的子女们为了决定要不要帮她拔管，争执、埋怨、哭泣、互推责任，而在这样的不确定之中，治疗阿嬷的医师很难和家属有好的医患关系，就在这样的不确定之中，许多医疗资源就这样被消耗掉。如果我的父亲和中风的阿嬷，都曾经做过"预立医疗决定"，事先决定在人生最后的道路上，想要接受什么样的医疗，那么以上的那些画面，都会被更理性地面对。

但很可惜，根据卫生部门统计，目前台湾有做预立医疗决定的，（　　　　　　）只有36万人。超过98%的人，没有准备，没有决定。所以我跟我父亲还有那位阿嬷的故事，也将会在各位身上发生，如果你还没有做"预立医疗决定"。

我的父亲，很幸运他后来康复了。有一天我下班回家，看到桌上放着两张安宁缓和意愿书，上面有我爸爸、妈妈的签名。我赶紧问我妈："妈！是不是你最近几个月都陪爸爸住院，看到很多接受长期照护的病人很痛苦，所以想要签这一张？"

（　　　　　　）她眼眶含着泪水，说："我不希望，有一天我要走了，你还要为了我受心里的苦，我想要潇洒地走，我只希望你过得好。"这两张，就是我爸爸、妈妈的安宁缓和意愿书。

我自己也做了预立医疗决定，在我自己的安宁缓和意愿书中，我决定了，当我有一天无药可医，我希望可以接受舒适的医疗；当我有一天回天乏术，我不想被医师不断急救；当我有一天要靠呼吸器才能呼吸时，我不想过这样的生活。我的家人，也接受了我的决定。

演讲一开始你想到的那个，你最爱的人。（　　　　　　）如果他曾经跟你说过："有一天当医生问你的时候，请帮我拔管，因为，我爱你。"这样，你是不是会比较有勇气让他离开？

各位朋友，预立医疗决定，现在就可以做。（　　　　　　）我们都可以开始做以下三件事情：想、说、动。想一想，自己生命最后的医疗决定，会是什么？说一说，把这个想法和最爱的家人及医师讨论；动一动，到医院索取或是上网下载安宁缓和意愿书，把想法写下来。

（　　　　　）我相信你会发现，预立医疗决定，我们真正预立的，是对自己和家人，满满的爱。

（　　　　　）生命，自己做主。医疗决定，为爱而立。

谢谢大家。

用肢体语言增加故事能量

善用肢体语言增加故事感染力

如果说故事的人呆若木鸡、眼神涣散，那无论他声音运用得再好，听众应该也很难觉得他说的是一个好故事。

2016年，TED×Taipei，China上台前夕，我那时很紧张，知名的企业管理讲师谢文宪（宪哥）帮我安排了一场练习——在一个有300位观众的企业讲座中说6分钟的故事。

那时的我其实演讲与说故事的经验并不多，也是我第一次面对这么多人说话。真的很紧张，演讲时，6分钟一下就过了，台下有些人也热泪盈眶，但是我自己却不太满意，觉得自己实在不在状态。

下台之后，同在一旁的仙女把刚刚用手机拍的影片给我看。一看不得了，实在是……很烂啊！眼神飘忽、手势僵硬，重点是，整个人一直在发抖，不只脚在抖，连声音都在抖，实在觉得很丢脸，但是这次上台也给了我一个非常好的重新检视自己在声音技巧和肢体语言上有哪些不足的地方的契机。我在家闭关潜心修炼一个月后，才有了后来在TED舞台上的表现。

讲故事时肢体语言的运用特别重要，如果一个说故事的人只是站在那边，呆若木鸡、双手下垂、眼神涣散，一动也不动地说故事，那无论他声音技巧运用得再好，听众应该也很难觉得他说的是一个好故事。反观我们曾经看过的，那些很会说故事的讲者、表演者，甚至是儿童频道讲故事的哥哥、姐姐，常常都是手脚并用、眼神聚焦，运用生动的肢体语言加强故事的感染力。

很难吗？其实一点都不难，只要掌握眼神、手势、走位三个部分，我们可以把故事的感染力再往上提升一个层次。

与观众亲密交流——眼神

阿伟是一个从事制造业的资深经理，在一次我们举办的课程中，他有一个当众讲3分钟故事的机会，但那3分钟的故事却像一本打不开的童话书一般，无法让台下的同学们有任何感动。究其原因，是因为阿伟在说故事的整个过程中，眼神一直在看着他脚前面20厘米的地面，仿佛那里有一个神秘的黑洞。尽管几乎所有听众的眼睛都看着阿伟，但是他仍然无动于衷。

下课休息，我跑过去问他："为什么眼睛不看着观众呢？"

"我……我会紧张。"他有点不好意思。

"看着地面，就不紧张了吗？"我追问。

他想了一下，回答我："好像还是会啊！"

很多人上台都会不自觉看着地面，大家都觉得那是因为紧张的关系，其实，那只是缺乏练习。但与听众眼神的对焦对一个好故事来说非常重要，因为这会营造一种"我在对你说话"的亲密感觉。如果没有这种感觉，再好的故事也是枉然。

眼神的练习

眼神的练习，对比较没有经验的讲者来说，是比较难的，需要"矫枉过正"。下一次有机会上台时，给自己一个小任务：所有人的眼睛，我都要看到至少一次。不断地提醒自己坚持下去，这样就会慢慢习惯与他人的眼神接触这件事情。

初学者常犯的错误是，虽然记得要与他人眼神接触，但接触的时间太短，每一次只有一两秒钟，眼神就跳到下一个地方去了。这样会给听众一种"眼神闪烁""好像很紧张"的印象。因此，要记得每一次与他人眼神的接触停留时间久一点，大约5秒钟的时间，然后再换下一个地方停留。

与生俱来的道具——手势

记得2015年，我刚开始尝试说故事的时候，有机会对着十多位朋友说一个10分钟的故事。虽然人不多，但还是一样紧张，生怕自己表现不好。于是我请朋友把我的表现录下来，准备回去好好检讨改进。故事说完，我自己觉得说得不错，故事的内容跟听众有联结，我还刻意与他们进行眼神接触，毕竟听众人不多，没那么紧张。但一回家打开电脑，把录像拿出来看，差点没昏倒。

"这个肢体僵硬的人是谁？是我吗？"

我看到自己站得直挺挺的，眼神大多数时间盯着前方，偶尔会转头看其他人，但两只脚好像被强力胶粘住了，一动也不动。那个样子，只能用呆若木鸡来形容。最明显的是，我的双手下垂，贴在大腿旁边。因为我的手很长，手掌又很大，所以看起来超级不自然。

我们的双手，是我们的天然道具。如果可以善加利用，对于提升故事的感染力，非常有帮助。

手势的练习

手势的练习，分成拿麦克风（单手模式）跟没拿麦克风（双手模式）两种。双手模式下手的挥洒空间更大，但无论是单手或双手，首先要记得的就是手的位置，尽可能放在腰部以上。若是自然下垂，会给听众一种没有精神、无精打采的感觉。放在腰部以上的这个动作，一开始都会觉得有点生涩不自然，没有关系，多练习就会适应了。如果是单手模式，则没有拿麦克风的那只手可以自然随着话语挥动；若是双手模式，则可以双手交握置于腰部前面做基本姿势，说到重点时再摆手势。

手势练习的第二个重点，就是在重点强调的句子出现时，动作要明显，手势要清楚。例如说到数字："故事说到这里，我想请问大家两个问题……"这时候的手势，应该比出"二"的动作，同时，手的位置要高，大约与眼睛同高，观众才看得清楚。其余常用的手势如"一""赞"等等，也都是运用这个技巧。

角色转换的技巧——走位

我非常喜欢看谈话类视频，特别是脱口秀，总是可以从非常知名的喜剧艺人表演中，得到很多肢体运用的灵感和想法。其中，我最喜欢的是一位来自南非的喜剧演员。他每次上台，面对的几乎都是大场面，台下坐着数百上千人。仔细观察，他从来都不会站在同一个地方，而是不断地走动，走到一个定点，把一段故事或笑料说完，再开始走动到下一个定点。

走位有两个主要用途：

第一，在大场面的时候，光靠我们的头和眼神调动，仍然无法看到所有的观众，这时需要走位。

第二，故事里有很多角色，而我们需要做角色变换的时候，可以利用走位和移动来让观众了解现在是不同的角色在说话。

走位的练习

但是，走位也不宜一直走来走去，这样会给观众一种非常烦躁不安的感觉。试着利用故事中的段落来区分，在舞台上找到几个定点，当说完一段的时候换到下一个定点，而不是频繁地走动。准备进阶的讲者，可以尝试在定点与定点间移动时，依然看着观众说话。慢慢说，看着观众说，有自信地说。渐渐地你会发现，你的表现看起来就是一个专业的讲者。

运用肢体说故事的三个重点：

1.眼神：与观众亲密交流

2.手势：与生俱来的道具

3.走位：角色转换的技巧

关于表情练习的建议
运用不同表情，精准传达情绪

很多人不知道自己的面部表情在别人眼中是什么样子的。你的表情想要传达的内容或是感受，对方很可能接收不到，甚至接收错误。

我想到某次在一个企业内部说故事比赛当评审的场景。

晓慧是一个从事房产中介行业的业务经理，留着短发，搭着套装，笑容甜美，看起来非常利落。她快步走上台，跟大家说："我今天要说一个让我心里很难平复的故事。"然后，她开始叙述在2017年冬天，自己如何在洗澡的时候，发现了左侧乳房的一个肿块。她说了到医院就医，接受一连串检查的情形。

最后，医师跟她说："超声波看起来是不规则形状的，而且你不像会是有纤维肿瘤的年纪，有可能是恶性的。我想这个状况做粗针切片比较适合，你现在要做吗？"晓慧说她那时听到"有可能是恶性的"，心情跌到谷底。于是她缓缓跟医师说："我回去跟家人讨论一下……"后来，还好检查结果是良性的，晓慧才得以放心。

晓慧讲完，给了我一个自信的笑容。最后成绩揭晓的时候，她却没有进前三名，连前十名都没有。会后，她很沮丧地来找我。

"为民医师，我觉得我表现得不错啊！为什么成绩不理想？"

"你的表情不对。"我不假思索地回答。晓慧在讲到医院那一段的时候，理论上那时候应该是很紧张的情绪，听到医生说"有机会是恶性的"，情绪理应做一个焦虑到悲伤的转换。但是，晓慧说那一段的时候，脸上始终挂着一个浅浅的甜美笑容。

"你的笑容很美，但是不能一直用这个表情。说故事的时候，表情要搭配情绪。"我给她提出了建议。

讲故事的人做到以下三点，会更好：

1.认识到自己的表情在别人眼中（或是镜头中）是什么样的。

2.平时就做基本情绪对应表情的练习。

3.让自己说话时的情绪跟面部表情相契合。

这三点看起来简单，其实是不太容易的事。

认识到自己的表情在别人眼中（或是镜头中）是什么样的

这个说起来很容易，但可能是最难的步骤，因为很多人不知道自己的脸部表情在别人眼中是什么样的。举例而言，用最常见的"笑容"来说，理论上一个人快乐的时候会露出笑容。

但是，你真的知道你的笑，在别人眼中是什么样子吗？会不会你觉得自己是很真诚的笑，但是对方看起来会是假笑？会不会你认为很灿烂的笑，但对方看起来觉得你笑得好腼腆？

事实上，这种状况常常发生。而如果你是一个需要经常和别人沟通的人，例如业务员、演讲者，甚至是说故事的人，且这种状况经常发生，那就问题大了，因为你想要传达的内容或是感受，对方很可能接收不到，甚至接收错误。

那要如何练习？对着镜子说话是一种方法。

镜子是需要经常上台说话的人最好的朋友之一，因为从镜中可以立即看到自己看不到的表情和情绪，并马上做出调整。洗澡的时候就是一个练习的好时机，就像电影《楚门的世界》中，男主角常常对着镜子说话那样。当然，用相机拍照，或是用摄影机录像也可以。

基本情绪（喜、怒、哀、惊）对应表情的练习

了解了自己的表情之后，我们接下来要让自己的表情更精准到位。传统理论认为，人类的基本情绪有六种：快乐、悲伤、恐惧、愤怒、惊讶、厌恶。但英国近年也有研究指出，基本情绪还可以更简化为四种：喜、怒、哀、惊。所以，如果我们要精准地表达情绪，那我们至少要练习这四种基本情绪对应的表情。这四种表情各有一些很重要的元素，是我们在练习时需要注意的。

喜：眼睛眯起来、嘴角上扬，真的开心时会摇头晃脑。

怒：眉头皱起来、鼻子皱起来、嘴角下沉。

哀：嘴唇紧闭、眉头微皱、眼角微微有泪水。

惊：嘴巴张大、眼睛瞪大、眉毛抬起。

如果使用这些表情时再搭配相应的声音，展现出的情绪就更完美了。

让自己说话时的情绪跟面部表情相契合

知道自己的表情在别人眼中是什么样子，再加上精通基本情绪表情之后，接下来要做的，就是要分析自己说出的话之中隐含的情绪。

例如：说故事说到去医院就诊，结果非常不理想的时候。这时候的情绪应该是焦虑伴随着哀伤。所以，讲到"'有可能是恶性的'，心情跌到谷底。于是我缓缓跟医师说：'我回去跟家人讨论一下……'"这时候的面部表情应该是嘴唇紧闭、眉头微皱，才符合当下应该展现的心理状态。只有如此，观众才能很清楚地接收到我们想传达的情绪。只有如此，我们所说的故事，情感才会更饱满、更深刻。

如果你不太了解自己的面部表情，不妨现在就先走到镜子前面吧！

关于表情练习的三个建议：

1.认识到自己的表情在别人眼中（或是镜头中）是什么样的

2.基本情绪（喜、怒、哀、惊）对应表情的练习

3.让自己说话时的情绪跟面部表情相契合

使用实物道具说故事的技巧

实物道具是为说故事助攻的利器

在说故事过程中使用实物道具，不仅可以让观众更容易融入故事情境，同时也增添了观众听故事的乐趣，大大提高了故事真实度与观众信任感。

一般在说故事的时候，并不像工作汇报时，可以使用幻灯片，并在幻灯片中插入图片或是视频来增加真实感。所以，口说的故事，如果可以适度地运用实物道具，便可大大地提高故事的真实度。

我在TED×Taipei，China的舞台上就使用了实物道具。当时我讲了一个关于父亲生病与预立医疗决定的故事，说到后半段，我这么说："我的父亲，很幸运他后来康复了。有一天我下班回家，看到桌上放着两张安宁缓和意愿书，上面有我爸爸、妈妈的签名。我赶紧问我妈：'妈！是不是你最近几个月都陪爸爸住院，看到很多接受长期照护的病人很痛苦，所以想要签这一张？'她眼眶含着泪水，说：'我不希望，有一天我要走了，你还要为了我受心里的苦，我想要潇洒地走，我只希望你过得好。'这两张，就是我爸爸、妈妈的安宁缓和意愿书。"

说到这里，在舞台上的我，缓缓地从西装外套的暗袋中，拿出两张安宁缓和意愿书，并展示给台下观众看。我停了一秒，仿佛台上与台下的时间暂停在那一刻。

在说故事过程中使用实物道具，不仅仅是让观众更容易融入故事情境，同时也增添了听故事的乐趣。但道具也不是随便使用的，以下是我整理的使用实物道具的三个小技巧。

道具不只是道具，更要说出意义

讲述一个关于家庭亲情的故事，拿出一张全家福照片，是非常有威力的一个举动。但是不免有人会问："照片这么小，万一场子很大，后面的人根本看不到，这样有效吗？"我的答案是："绝对有的，因为道具不只是道具，隐藏在道具背后的意义，才是道具所拥有的威力。"看到讲者拿出一张全家福照片，说着自己家人之间的故事，听众绝对不会想去看看照片上到底有哪些人，而是会想起自己和家人的回忆，想起自己和家人也曾经拍过全家福照片，如今照片在哪呢？这些道具背后的意义才是使用道具的前提。

一个故事，使用一个关键道具即可

很多讲者觉得道具愈多愈好，愈能够展现故事真实度，所以说故事的时候很忙！讲到小时候打棒球要拿出一个棒球手套；讲到长大想当警察要拿出一根警棍；讲到家人要拿出全家福照片……在同一个故事中使用太多的道具，不仅讲者无法专心说故事，听众也无法聚焦在故事的内容之中。因此，一个故事，在最高潮的地方使用一个关键道具即可发挥效果。

不只是拿出来，过程要经过设计与练习

我从西装外套的暗袋中拿出两张安宁缓和意愿书的这个动作，大概练习了50遍以上。我事先将意愿书折成很多不同的大小，直到确定最后的大小可以合适地放在口袋当中。而由于一只手要拿话筒，我必须以单手拿出意愿书，并且使用单手把它摊开，这其实是有难度的。也因此之前必须不断地练习拿出来摊开的这个动作。假设拿出来的过程中，意愿书不小心掉到地上，不仅打乱了自己的节奏，听众的注意力也会瞬间被打断。最后，愈大的场子，道具要拿得愈高，尽量让所有人都能看得到。

亲爱的朋友，如果你最近刚好要说一个故事，试着把实物道具加入其中，说不定会发生有趣的事。

使用实物道具说故事的三个技巧：

1.道具不只是道具，更要说出意义

2.一个故事，使用一个关键道具即可

3.不只是拿出来，而且要经过设计与练习

对说故事时使用音乐的提醒

搭配音乐，让观众更有临场感

最重要的原则是：简单的音乐就好，通常只使用一或两种乐器演奏出的音乐就很不错，太复杂的音乐容易喧宾夺主。

我在TED×Taipei，China的决选之中，使用了音乐。讲到"那一刻我记得很清楚，急诊室很吵，隔壁床的病人正在急救，心跳监视器'哔哔哔哔'的声音不断传过来……"的时候，听众就可以听到心跳监视器"哔哔哔哔"的声音。而故事说到了最后，讲到"我的父亲，很幸运他后来康复了。有一天我下班回家，看到桌上放着两张安宁缓和意愿书，上面有我爸爸、妈妈的签名"的时候，环境中流出了钢琴声和小提琴声交织的声音，营造了结尾与母亲对话温暖的感觉。后来，我也顺利通过决选。

但你如果问我："说故事有音乐，一定更好

吗？"老实说，我看过太多厉害的讲故事的人，不需要音乐，也可以把一个故事说得情感饱满。只是，我喜欢音乐，而如果找得到合适的音乐并且经过适当练习，我认为音乐对于故事是可以加分的。以下跟大家分享，使用音乐说故事的三个建议。

找到相符的音乐

找到与故事基调相契合的音乐实在是最基本，也最重要的一件事。如果音乐无法搭配场景，那还是不要使用才好。而什么是适合的音乐？有两个方面：调性和意义。从调性简单来分就是开心的或是悲伤的音乐。而从意义来分比较难一些，代表着音乐出现时搭配的场景。举个例子，我常常在婚礼的场合听到，听起来似乎是很开心的音乐，其中很多是电影的配乐，但有时我就会偷偷跟旁边的太太说："可是这部片好像是悲剧收场……"这样在意义上来说就是不太适合的音乐。

那如何找到合适的音乐呢？最重要原则是：简单的音乐就好，通常一或两种乐器演奏出的音乐就很不错。太复杂的音乐容易喧宾夺主，所以不要想说要找什么气势比较磅礴的管弦音乐，甚至摇滚乐来说故事。要记得，说故事的是你，听众是因为你，才更想听这个故事。

我最常使用的背景音来自这几种乐器：钢琴或是小提琴、大提琴。无论是温暖或是悲伤的音调，营造出的氛围都很不错。而要去哪里找音乐？一般来说，电影、电视剧配乐是我比较喜欢的，因为它们的存在本身就是为了烘托气氛。当然，每个人喜欢的音乐不同，觉得舒服就好。

摆在恰当的位置

找到音乐了，要放在故事的哪里呢？其实都可以，放在开场、中间或是结尾都好，我都有尝试过。但比较不妥当的是整场都放音乐，不仅容易让听众失去新鲜感，也容易喧宾夺主。我个人喜欢放在这两个位置：故事情感最丰富、情节最高潮的地方和结尾需要留下余韵的地方。放在这两个时机点，通常效果都很不错。

搭配合适的练习

练习很重要，并不是每个人都习惯搭配音乐说话，所以一开始难免会有点不自在。想要学会配合音乐的节奏来讲话，需要许多实战来练习。而音乐音量的调整也非常关键，音乐如果太大声或太小声，那就失去了存在的意义。

另外，播放音乐的方式也不可以马虎，我看过一位讲者，讲故事讲到一半的时候，走下台去按音乐播放器，这个时候全场都在等他，观众听故事的情绪也就断了。因此，无论是找人来播放，还是先将音乐插入幻灯片中，都需要练习。

说了这么多，我们来实际体会音乐之于故事的力量。请大家先默念以下的故事：

"最后我想跟大家说，我真的很怀念我的阿嬷。我的阿嬷个子小小的、驼着背，因为膝盖痛，她走路很慢很慢。我很想念，我总是走得很快，她在后面招着手喊我的样子；我很想念，她上楼梯气喘吁吁，我在后面大喊'加油'的样子；我很想念，她每次走到便利商店，总是坚持给我买一罐麦香奶茶的样子……我真的很想念她，如果时光可以倒流，我想跟她说，我爱她。"接下来，请大家搭配着下面这段音乐的前面两分钟，再念一次，如果你感受到了不一样，那就是音乐之于故事的力量。

搭配故事的音乐：
电影《小小的家》主题曲*The Little House*

· ·

使用音乐说故事的三个建议：

1.找到相符的音乐

2.摆在恰当的位置

3.搭配合适的练习

· ·

故事让简报给人留下印象
用故事为你的简报加分

假设你的简报设计技巧满分、演讲技巧满分，但是，如果你讲的不是听众想听的，或是他们没兴趣的，那就是零分！

很多时候，我们说故事的场合少不了简报。商业简报、专业简报都很需要故事的魔法。

2017年夏天，很荣幸接受奇美医院陈志金主任的邀请，参与知名企业所举办的明星医师联盟（Star Physician Alliance，简称SPA）简报研讨会，担任讲师以及评审的工作。SPA的训练目标，是希望针对年轻医师，为多半都是住院医师的他们，及早培养4P【Presentation（简报）、persuasion（说服）、Performance（表现）、Preparation（准备）】的能力。如果一位医师在专业能力外还能够拥有这4P的能力，相信对于其在职场中的表现一定是加分的。

课程经过一个月后，每个学员必须上台做3分钟简报，并接受台下评审和其他学员的点评。3分钟很短，一下就过去了，必须用3分钟完成一次完整的简报，而且还要能够让听众留下印象，难度是非常非常高的！开心的是，几乎所有学员都完美地完成任务，让坐在台下当评审的我一直不断地因为他们优质的简报惊喜与感动。只是，看过了二十几位医师的简报之后，每份简报难免会有一些差异，在过程中我一直思考，最大的差异在哪里？这时我发现，在这么多简报当中，如果讲者说完，台下听众还能记得他讲的大部分内容，几乎就成功一半了。

这个听起来不难吗？其实很难！如果我们用心，我们有时候甚至会发现，自己在听别人简报的时候，明明在很专心听讲者报告，但是他上一秒讲什么，已经记不得了。简报的重点在于说服，若听众听完都忘记一大半了，要如何说服他们？综合当天优秀医师的简报，我归纳出让简报给听众留下印象的三个技巧。

1.联结听众经验：让听众觉得这个主题对他很重要。

2.感官刺激：多种感官刺激手法交替运用。

3.故事为王：用故事力在开头或结尾画龙点睛。

把听众带进主题里——联结听众经验

联结听众经验也许是简报开场最重要的一件事。假设你的简报设计技巧满分，你的演讲技巧满分，你的简报内容含金量满分，但是，如果你讲的不是听众想听的，或是他们没兴趣的，那就是零分！所以，在演讲的开场，必须适度地跟听众说明这个主题对他们的重要性。当日的示范讲者颜嘉德医师做了完美展示。他讲的是环保议题，其实讲环保议题的讲者很多，而且台下都是医师，为什么要听这个议题呢？但是在简报一开始，他并没有直接切入主题，而是这么说："我想现在台下的医师年龄都跟我差不多，都已经为人父母或准备为人父母，我想问大家，我们这一代人准备留给下一代什么？是财富？是知识？还是一个更干净的环境？"简单开场，马上就把所有人拉进他的议题当中。

增加听众的临场感——感官刺激

当每个人都是用说的来"说"简报，这时如果可以借由不同的方式去吸引听众，例如音乐、影片、气味、道具，甚至是动作，就会留下深刻印象。当天的第一名讲者郑人方医师，在描述自己忙碌的一天时，巧妙地使用了快节奏的背景音，很容易就让听众感受到医师一整天的高压力生活。

这样的技巧我在TED说故事的时候也有使用。当我说到"急诊室医师问我妈妈：'伯母，伯父的状况有生命危险，如果病情有变化，你要让他接受插管、电击那些急救治疗吗？'我母亲泪眼汪汪、六神无主，转过来问我：'你说呢？'那一刻我记得很清楚，急诊室很吵，隔壁床的病人正在急救，心跳监视器'哔哔哔哔'的声音不断传过来……"的时候，现场就会实际传来心电图"哔哔哔哔"的声音，非常有临场感。增加多一点感官刺激，听众印象就更为深刻。

为你的简报加分——故事为王

无论是理性论述还是感性叙事，故事都扮演着不可或缺的角色。在简报的一开头说一个故事，有吸睛的效果；在简报的结尾说一个故事，通常可以加强说服的力道。还有两位医师，即便他们讲的主题很不一样，分别是周全性老年评估还是溶血尿毒综合征，但他们的共同点是用一个故事开场，最后都取得了很棒的效果。

在简报中使用故事的重点

1.故事必须跟简报主题高度相关：这个是最重要的提醒，也是很多人常会犯错误的地方。

有一次在上课场合，学员说了一个树爸爸照顾树小弟的寓言故事，老实说故事说得挺好的，可以感受到父子之间的情感。但故事说完后，学员竟然话锋一转，开始说："今天要告诉大家的是保护环境的重要性，各位知道吗，空气污染可能会在5年内达到新高峰。"当时我的脸上出现尴尬表情。故事一定要跟简报主题高度相关。

2.故事的比例需适中：简报有它的功能性，通常是说服、简介、说明。故事在其中并不是最主要的部分，而是起画龙点睛的作用，让听众对于简报的内容增加更多印象与记忆点。如果故事的篇幅超越了简报，甚至让讲者无法把应该要阐述的理念好好讲完，那就本末倒置了。

3.故事最好是自己的亲身经验：无论是简报和故事，都有一个重点，那就是讲者的人格特质，还有听众对于讲者的好奇心。

无论是站上礼堂的舞台，还是站上教室的讲台，还是站到一群围成圈圈的群众中间，所有听众都想要知道："讲者是谁？""为什么他站在这里？""他有什么故事？"所以，如果能适度地诉说自己的亲身经历，挖掘自己生活的细节，那会比寓言故事、历史故事、伟人故事等更让人想专注听下去。

如果你也想让自己的简报可以在讲完之后还能余韵绵长，发挥更多影响力，不妨试试上述的这些方法。

如何用故事让简报给人留下深刻印象的三个重点：

1.故事必须跟简报主题高度相关

2.故事的比例需适中

3.故事最好是自己的亲身经历

关于对说故事技巧的体悟
用心生活就是最好的技巧

让人最感动的故事，源于生活中的微小细节。技巧重要吗？重要。但也许故事内容本身，才更具有打动人心的力量。

"说出生命力"是刘大潭希望工程关怀协会举办的身心障碍者演讲比赛，这是第三届，汇集了18位不同障别的身心障碍者，给他们舞台和观众，说一个7分钟的故事。这么别具意义的活动，我很庆幸连续参与了两届。从第二届担任示范讲者，自己在台上分享了一个故事，到第三届与仙女老师和何佳蓉院长一同担任讲师的工作，在比赛的前一天为参赛者们分享如何说一个好故事的秘诀。我们3位讲师讨论了非常久，从主题力、表达、架构力，到画面力、吸引力，一一与选手们倾尽全力分享说故事的种种技巧。在第二天的比赛结束后，这些选手，不仅感动了现场的所有观众，也让我有以下的体悟：

故事，永远从生活的细节出发

我本来以为，听身心障碍者说故事，应该会听到一些很悲情、很凄苦，令人鼻酸的生病或受伤故事，但是，这些选手并没有这么做。取而代之的，是他们即使身为身心障碍者，要面对旁人无法想象的困难，依然愿意伸手帮助别人的故事。

而且，让人最感动的故事，并不来自那些生病或是受伤的经历，反而源于在生活中观察到的微小细节。

于是我们看到了楚睿。楚睿在某次事故中，全身受到了超过60%的灼伤，但他对那段经历只是轻轻带过。受伤后的他，有一天看到公园的喷水池旁，有人很开心地在拍照，但也有坐着轮椅、低着头，看起来很忧郁的老人，这个景象触动了他，让他成为一位摄影师。他说："如果我能一步一步走上来，我能不能为那些还在谷底的人做些什么？"

好的故事，其实藏在每一天生活的微小细节里，等待我们用心去发掘。

技巧，并不是说好故事的全部

身为医师的我，平常也在医院里指导一些年轻医师演讲与说故事的技巧。说真的，这些技巧还真不少，比方说麦克风要怎么拿、站位怎么站、什么时候需要走位、眼神如何与观众做互动、手势要如何搭配演讲的内容，甚至声音的抑扬顿挫、轻重缓急，这些都可以教，可以学。但是，这些技巧很重要吗？这些参赛者告诉了我答案。

他们中许多人有肢体障碍，必须坐着轮椅，如何走位呢？有许多人，双手无力到连握紧麦克风都很吃力了，更不用说什么拿麦克风控制声音，或是使用手势的技巧，对听障的朋友而言，发正确的音都不太容易，再要求他们做节奏变化，似乎太强求吧。

但是，这并不影响他们说一个好故事。青琪从小罹患小儿麻痹，坐着轮椅，必须用双手才能抓住麦克风的她，用有感情的口吻，说了一个关于她的梦想、她的爱情的故事。她说："我有一个梦想，找一个可靠的丈夫，生两个可爱的孩子。"

平淡而自然的故事，感动了在场所有人，她也拿到了很好的名次。所以，技巧重要吗？也许故事内容本身，才更具有打动人心的力量。技巧，只是辅助。他们有障碍，我们何尝没有？他们突破了，而我们大部分人并没有。我感受最深的部分，是18位参赛者，即使各有不同的障碍，但那并没有成为阻挡他们去完成自己梦想的阻碍。我们看到彦儒，身为"玻璃娃娃"的他这样说："即使是身心障碍者，也有一个人旅行的权利。"

于是，他一个人规划行程，搭上飞机，到了金门，开着他的"战车"，即使刮着风，下着雨，他依然完成了自己的愿望，玩得尽兴。更让我感到自卑的，是他在金门之行中看到金门和小金门的无障碍设施都严重不足，对于身障朋友非常不友善，于是回台湾后，他写了一封信给政府部门，期待能让金门的无障碍设施更好，政府办公室也给他正面的回应。

这让我想到，身为"直立人"的自己，平时看到多少不公不义的事情，多少需要关心的事情，但是都选择忽略它们了？

除此之外，身为"直立人"的自己，还会为自己设下很多好像是本来就属于自己的障碍。以我而言，我觉得我就是一个天生有理财障碍的人，所以就算看再多理财书，再怎么记账都没有用，于是就干脆不做了，让它去吧。可是看看这些选手，再想想自己，真的是这样吗？也许障碍，都是自己给自己设下的。所以，如果之后我遇到一个说自己就是不会讲话，不会说故事的人，我会跟他说："其实，你可以的。"

说故事技巧的两个体悟：

1.故事，永远从生活的细节出发

2.技巧，并不是说好故事的全部

故事实战力

说好故事该如何练习
台上的泰然自若都是练习来的

真正高段位的讲故事的人，是会让观众以为他已经完全陷在情绪当中，但其实仍泰然自若的专业人士。

在演讲或是上课之余，常常听到有学员或朋友这样跟我说："哎呀！你这么会讲，一定是从小口才就很好啦！""哎呀！你这么厉害，随随便便讲都会很好啦！"每每听到有人这样说，我总是报以苦笑。因为，我在台上的一切成就，都是练习得来的。

这两年，因为角色和身份的转换，我有幸得以担任一些与说故事或演讲相关的竞赛评审。比赛时的气氛跟平常说故事时当然不太一样，台下众多参赛者虎视眈眈，更别提评审们都板着脸死盯着选手。参赛者练习过跟没练习过，一上台马上就能被看出来。

缺少练习，可惜了一个好故事

记得印象最深刻的一次，我在一所大学担任说故事比赛的评审，有位陈同学西装笔挺、精神抖擞地上台。他说了一个很感人的故事，他是这样说的："在病房里，不知道为什么，冷气被调得好冷好冷。我看到阿嬷躺在床上，整个人好像瘦了一圈，脸色苍白，气若游丝。她身上插满了各种大小的管子，各种颜色的液体流进身体，也流出身体。我在阿嬷的床边坐下，握住阿嬷的手，有点颤抖地，小声喊出：'阿嬷！我是翰翰啊！阿嬷！'我叫了阿嬷好多次，她都没有反应。我紧张了起来，握着阿嬷的手愈握愈紧，叫她的声音也愈来愈大，但，阿嬷一点反应都没有。"

听到这里，我整个人鸡皮疙瘩都跑出来，好厉害，好有画面啊！这个必然前三名。他继续说："医生走进来，看了看机器，用手电筒照了照阿嬷的瞳孔，听了听阿嬷的心脏之后，跟我们说了几个字：'很抱歉，请你们节哀。'所有人都哭了，围绕在阿嬷身边。只有我没有哭，我像一个失神的鬼魂，手插着口袋，一个人慢慢走出病房，走进电梯，走出电梯，不知道走了多久，我才发现自己走到了便利商店门口。我把手从口袋中拿出来，才发现手中紧握的是，阿嬷在我小学的时候，到庙里帮我求的平安符。我一直留到现在。"

说着说着，陈同学从口袋中，真的拿出了一个平安符，展示给我们看。当时我心里想：太神了。等着他做一个完美的结尾。只是没想到，在故事的最高潮，却发生了让全场都张大嘴巴哑口无言的插曲："我小学一年级的时候，因为骑脚踏车撞到别人的摩托车，住院一个礼拜。阿嬷每天不眠不休照顾我，等到我要出院的前一天，阿嬷送了这个平安符给我……呜……她跟我说……呜……呜……"

没想到，那位同学入戏太深，竟然在台上哭了起来，讲不下去了！只见陈同学很努力地强忍着悲伤，全身颤抖地想要把故事说完，但是却办不到。他把眼镜都拿了下来，用袖子一直擦眼泪，一直说："不好意思……我……对不起……"时间一分一秒过去，最后铃响，结束了。当然，他没有得到很好的名次。

练习面对情绪

看着稿子默念跟实际面对一群人讲故事，那种感觉是很不一样的。最大的不同，就是观众会激发你的情绪。如果观众跟着你的故事发笑，那你就会愈讲愈起劲。相反地，如果观众跟着你的故事感受到悲伤，那说故事的人会更进入那个情绪当中。就像陈同学一样，一下子无法自拔，那就糟糕了，马上让观众跳出情绪。而这种情绪的爆发什么时候会出来，如果没有经过练习，是不会知道的。然而，是不是要反复练习，练习到完全没有情绪，"心如止水"呢？当然不是，真正高段位的说故事的人，是会让观众以为他已经完全陷在情绪当中，但其实仍泰然自若的专业人士。他在台上好像快要哽咽了，但是依然可以把故事流畅地说完，给观众更多感动，这才是最厉害的。

练习非语言的表达

说故事，我们常常以为是用嘴巴说出文字，但实际在舞台上，非语言的表达更加重要。哪些是非语言的表达？包含眼神、走位、手势、表情、肢体动作等，其实都是可以掌控并且使故事加分的重点项目。眼神要看哪里？走位走左边还是走右边？手要插口袋还是放在外边比动作？表情要不要搭配故事节奏？肢体动作需不需要夸张一点？这些其实都需要通过练习，甚至是实地练习，一点一点地去修正，去调整，直到自己的故事能量最大化。

提升语言的流畅度

说故事的重点之一是语言表达，而语言表达是要"说"出来的。之后看听者的反应才会知道听者的感觉是什么。所以唯有通过反复练习，才能将每个字、每句话以及每个段落顺畅地连接在一起，把稿子熟记，直到完全看不到背稿的痕迹为止。有时候会发现，念第一遍跟念第二遍的感觉，很不一样。念第十遍和念第二十遍的感觉，就差更多了。没有最好，只有更好。

如果你跟我一样，在不久的未来，也有机会上台说故事的话，别害羞，找一个场地，找一些观众，大声地练习吧！

练习说故事的三大重点：

1.练习面对情绪

2.练习非语言的表达

3.提升语言的流畅度

用故事消除观众对演讲的排斥心理

用故事拉近和观众的距离

打破座位造成的空间距离，自然就能拉近心理距离。故事让讲者与老师们有了情绪的共鸣，也让老师们对讲者有了信心。

半年前，庭芳写了封信给我，说道："我是特教老师，我们组长偶然间听到其他学校的老师推荐您的演讲，我上网搜寻了您的视频，也聆听了您分享的故事，您的演讲很能触动人心，引发共鸣。我们诚挚地邀请您来我们学校演讲，对象是普通班的老师，想请您分享关于在普通班中如何经营班级以协助特殊学生融合适应……"很有诚意的内容。但是为了让演讲更有质量，我更在意有没有合适的场地。我请庭芳把场地的照片拍给我看，这是个很大的视听教室，可以容纳80人，而只有30位老师的讲座，实在用不到这么大的场地。

我把在不适当的场地演讲的困难说了出来："当老师们一个个走进会场，一个个往会场的最后面找位置，前面只坐两三位老师，稀稀落落的，我总会想照顾到后面听讲的老师，会在阶梯教室前前后后地走来走去，反而冷落了主动愿意坐在前面的老师，用心准备的演讲往往在这样的折腾下让自己心力交瘁。"我请庭芳让老师们都往前坐，倘若解决了这个问题，我必然过去。庭芳答应了我。

演讲前两周，庭芳发短信给我："老师，我们组内会做好工作分配，当天会负责引导老师往前坐，也会直接把后排座位隔开。请老师放心。我下周开会会预留座位排数，初步规划由组内老师负责筑起人墙。"

"接下来想和您讨论演讲主题，内容是如何让一位普通班班主任通过班级经营来协助特殊生适应学校生活、融入班级团体。之前看过网络上的视频，您分享老师以身作则的重要性。当时看到您在TED演讲的视频后觉得非常感动，因为很少有从普通班老师角度出发的分享，所以我们非常期待这场讲座，再次感谢您接受我们的邀请。"

只要能打破座位造成的空间距离，自然就能拉近心理距离，我很期待这场讲座。

观众没兴趣，讲师可以怎么做

演讲当天，我提前半小时到会场，我看到视听教室被护栏一分为二。当第一个老师进来看到围栏，思考了一下，就坐在护栏的前方，其余的老师看到护栏这样的奇景，就算往前坐，也只愿意坐在左右两侧，离讲者愈远愈好，整个教室的人潮就像"n"字形，中间只有寥寥数人。接着进来的老师们，看了看中间的空位，穿越了护栏往后坐，也有老师走到后面开了后门，发现门打得开，索性就坐在门旁边的座位，护栏后方的人顿时多了起来，护栏俨然成为装饰。

演讲开始，我没有自我介绍，我说："半年前特教组长邀请我来演讲时，我说如果能解决场地的问题，我就过来。她跟我说她会让老师们坐在前面，特教组长很用心，所以我来了，一般的特教组长是不愿意这么大费周章的。今天，特教组长显然很努力地完成了对我的承诺，可老师们看到护栏还往后坐，可见对讲者没有信心。"我当众揭开特教组长庭芳邀约时，我提出的要求，让在场老师了解庭芳所做的努力。

话锋一转，我继续讲中午我用餐时看到的一幕画面：

"今天演讲前，我到牛肉面店用餐。有个步履蹒跚约莫60岁的妇人引起了我的注意。她的步伐很小，我一口面都吞下去了，她才迈出第二步。

"左手拿着包包，右手勾着采买的东西，慢慢地走到餐具区，吃力地拿起筷子和汤匙，又好慢好慢地转身找寻座位，离她最近的是几位在牛肉面店旁边工地施工的工人，最年长的那位迅速地帮妇人拉开座椅，询问老妇人是不是需要卸下手上的重物，得到肯定后帮老妇人放下重物，摆妥餐具，那一幕，很美。

"一个社会文明与否就看他们如何对待弱势群体，这位工人之于那位老妇人就像是一道光。人家说，学校就是社会的缩影，我们的社会如此的温暖，期望我们的老师们都能教出这样的学生，对弱势者主动地伸出援手。

"在学校里，特殊学生就是相对弱势者，我来跟老师们分享怎么样让普通班的学生愿意成为温暖的人。现在可以请老师们移驾到前面的座位吗？"

后面的老师全部平和地往中间移动，我等他们都就座后才开始演讲。

用故事让观众主动靠近讲师

这场演讲说给谁听？多数老师是被迫参加研习会，心不甘情不愿，能坐多后面就坐多后面。演讲一开始，护栏的功能不如我和庭芳所预期，一旦观众就座后要让大家换座位是非常困难的事。我期望能解决场地中央过于冷清的座位问题，先说了两个故事。

第一个是让在场的老师们了解现场为什么有护栏，之前的演讲没出现过的护栏肯定在背后有个故事。特教组长对于我的要求，提供了解法，不是虚应一下，而是确确实实立起了护栏。

第二个故事就发生在当天中午。老师们都赞叹工人的暖心。步履蹒跚的老妇人在社会中是弱势个体，特教学生在学校里也是弱势群体，老师们也期待自己能像工人一样适时伸出援手。故事让讲者与老师们有了情绪的共鸣，也让老师们对讲者有了信心。此时，请后面的老师们换位置到中间，老师们自然愿意配合。

演讲结束后，有好几个老师来跟我诉说他们曾经带过身心障碍学生的感动，我在想如果一开始我就发脾气，跟庭芳抱怨老师们不往前坐，或许就没有后来这些回馈了。回家之后，我收到庭芳的短信：

"仙女老师，今天非常感谢您带给我们一场精彩绝伦、充满惊喜且发人深省的讲座，借由您生动的讲述，将我们平时想要传达的内容更鲜活、深刻地刻画在老师们心中。从一位母亲与普通班班主任的身份出发，带给大家不同的视野与思维，更加感动了现场每一位老师。特教组全体都非常感谢您，也要在这里为我们今天场地设备上的种种疏漏，再次向您致上最诚挚的歉意！非常抱歉！

"另外，跟您分享一件事，今天您提到的'金刚芭比'林欣蓓，我们去年11月邀请了她来学校，对学生进行过两场特教倡导，讲的也是非常动人的生命故事。再次感谢您今天精彩动人的演说。今天的演讲真的带给我满满的感动，从研习会结束到刚刚，我一直忍不住跟家人、朋友分享，我相信现场有很多人跟我一样备受感动，这样的感动将化为力量，让大家成为更有温度的人。"

下次如果你接了个观众被迫来听的演讲，不妨试着在自我介绍前先说与主题有关的故事，拉近与观众的距离，会预先为演讲增加许多人情味的。

如何消除观众对演讲的排斥印象：

可以先说说和主题有关的故事，拉近与观众的距离

如何让故事巧妙融入演讲

融入故事的演讲，更贴近观众

有了具体的行动，听众更确信自己也能在平凡的生活中实践伟大，无形中加重了这场演讲在他们心中的分量与地位。

去任意视频网站上搜寻，都可以找到许多的TED演讲视频，这些视频启发了我们这一代无数人。

所有的TED演讲都有一个特色：融入了故事。我们都知道，演讲中的故事是打动人心的重要元素，但是，一场20分钟的演讲，或是一场两小时的演讲，总不能完全说故事吧？听众还是希望可以从演讲中学习一些新事物、新知识，或是被一个新观念所感动。

那么，故事和演讲，要怎么融合呢？可能每一个有机会站上台的人都想知道这个问题的答案。跟前面的"开、起、转、合、联、动"非常接近，一个好的演讲要加进故事，我最常用的方式是"故事—理念—行动"。

实战案例，将故事融入演讲中

我非常喜欢音乐，从初中起就听古典音乐，心情不好的时候，我总是会走到光盘柜前面，选一张光盘放进去，什么都不想，只沉浸在音乐的美好之中。在所有跟音乐相关的TED演讲之中，我最喜欢的，是Benjamin Zander（本杰明·赞德）于2008年的演讲。

Zander是一个1939年出生的指挥家，对于音乐有极高的热情，并且对于音乐的价值坚信不疑。在TED的那20分钟演讲之中，他巧妙地运用了许多小故事，去阐述他希望传达的理念。其中最让我印象深刻的小故事，是他在演讲快要结束时说的。让我们看看他是怎么把故事和演讲融合的：

"我要告诉你们我的亲身经历，10年前正值北爱尔兰冲突期间，我人在爱尔兰，与一些天主教及新教徒的小孩在一起，试着消除双方的冲突。我和他们做的事也和我们现在所做的事情一样。这样做有点危险，因为他们是在街头混的小孩。隔天早上，其中有个小孩来找我，他说：'我这辈子从来没听过古典音乐，但当你弹那首曲子……'他说：'我哥哥去年被射杀而我并没有为他哭泣。但昨晚当你弹奏那首曲子时，我想到了他。泪水从我的眼中流下。可以为我哥哥哭的感觉真好。'当时我下定决心，音乐是为每一个人而存在，每一个人。"

起、转、合结构分析

这一段故事，采用了"起—转—合"的结构，请试着想想，用之前学习过的内容，找出"起—转—合"三个部分，看他是如何使用这些技巧的。

·起：主角、志向、目标、时间、地点

"我要告诉你们我的亲身经历"：主角是自己。

"10年前正值北爱尔兰冲突期间，我人在爱尔兰"：时间、地点。

"我与一些天主教及新教徒的小孩在一起，试着消除双方的冲突"：
志向、目标。

·转：缺陷、对手、冲突、困难

"这样做有点危险，因为他们是在街头混的小孩"：困难。

·合：克服、感动、学习

"他说：'我哥哥去年被射杀而我并没有为他哭泣。但昨晚当你弹奏
那首曲子时，我想到了他。泪水从我的眼中流下。可以为我哥哥哭的感觉
真好。'"：感动。

"当时我下定决心，音乐是为每一个人而存在，每一个人。"：学习。

Zander用非常流畅的说故事方式，只花了几分钟就把一个拥有完整
"起一转一合"的故事说完。但还没完，故事说完之后，还必须把这个故
事跟台下观众联结，我们来看看他是怎么做的：

"我体会到我的工作是去激发别人的潜能。当然，我要知道我是否
可以做得到。你猜你发现什么？只要看着他们的眼睛。当你看到发亮的眼
睛，你就可以知道你做到了。你们看，他的眼睛可以点亮整个村庄。是
的，当你看到发亮的眼睛，你就知道你做到了。如果你没有看到发亮的眼
睛，你必须问自己一个问题。你要问自己：'我怎么了？为什么他们的眼
睛没有发亮？'对我们的孩子，我们也可以这样做，'我怎么了？为什么

孩子的眼睛没有发亮？'那会是一个完全不一样的世界。"

实例分析，如何与观众联结

上一段内容，讲者的目的是使故事意义跟台下观众联结，请试着用之前学习过的内容，从"了解听众、撷取意义、使用问句"中找出他用了哪些联结技巧？

"我体会到我的工作是去激发别人的潜能。"：撷取意义。

"当你看到发亮的眼睛，你就知道你做到了。如果你没有看到发亮的眼睛，你必须问自己一个问题：'我怎么了？为什么他们的眼睛没有发亮？'对我们的孩子，我们也可以这样做，'我怎么了？为什么孩子的眼睛没有发亮？'那会是一个完全不一样的世界。"：使用问句。

说完故事并将故事与听众联结之后，Zander再次强调这场演讲他最想推广的理念：

"我们将要结束这神奇的一周，我们将要回到现实世界。我们应该要问自己：'当我们回到现实时，我们会扮演怎样的角色？我对成功的定义是什么？'这对我来说相当简单。不是在于财富、名声以及权力，而是在于我的周围有多少双发亮的眼睛。"

"成功的定义，在于我的周围有多少双发亮的眼睛。"这就是他的理念、他的中心思想。只是，要让周遭的人眼睛发亮，感觉不是一件太容易的事情。所以在演讲的最后，他加入了一个行动："最后要和大家分享的是，我们所说的话对不同的人会造成完全不同的后果。我从一位在奥斯维辛集中营存活下来的女士身上学到一件事，她是极少数幸存者之一。她从奥斯维辛集中营出来时发了一个誓。她告诉我说：'我从奥斯维辛集中营存活下来，我发了誓。我发誓绝不说出会让我后悔对人说的每一句话。'

我们做得到吗？做不到。我们都会让自己犯错，也会让别人犯错。或许这也是生活中可以努力的方向。谢谢！"

看出来了吗？从"周围有多少双发亮的眼睛"到"绝不说出会让我后悔对人说的每一句话"，其实是从抽象到具体、从理念到行动的具体展现。因为有了具体的行动，听众听完这场演讲，就更确信自己也能在平凡的生活中实践伟大，无形中加重了这场演讲在心中的分量与地位。当然，在观众心目中，这就是一场超棒的演讲了。

"故事—理念—行动"，如果你平常也有演讲的需求，这会是一把通往演讲成功大门的钥匙。

如何将故事巧妙地融入演讲中：

可以用前面学过的结构力，结合"故事—理念—行动"

别再说"脑中一片空白"
描述画面时用到更多词

描述画面是说故事的人应具备的重要的能力之一，画面描述得好，自然故事就跟着生动，可以更容易将听众拉进你的故事之中。

自从站上了TED × Taipei，China的舞台之后，有愈来愈多机会听到别人说自己的故事。愈来愈发现，自己真的很喜欢听故事。常常听故事的时候，心情也会跟着开心、跟着悲伤、跟着惊喜、跟着焦虑。只是，听到很多说故事的讲者，有一个共同的口头禅，那就是"脑中一片空白"。不知道是不是受到大众影视的影响，这句话被许多人大量地使用，例如：

"医师宣判我的疾病的时候，我脑中一片空白。"

"女朋友跟我说，她有另一个喜欢的人了，当时我的脑中一片空白。"

"当我发现我搞砸了公司今年最重要的计划的时候,我的脑中一片空白。"

"太太告诉我,她怀孕了。我真的太开心了,开心到脑中一片空白。"

真的,"脑中一片空白"好像变成了一句万能金句,不管在什么场合,都可以拿出来用。只是,这样说故事常常会有一个问题,那就是听众会不是很了解,到底什么是"脑中一片空白"?说实在的,可能就连说故事的人,也不太确切地知道,"脑中一片空白"是什么。是一种心情吗?是一种感受吗?好像不是很清楚。这是非常抽象的一句话,而说故事的时候,"用具象代替抽象"是我认为很重要的技巧之一。如何用具象的画面,来呈现出"脑中一片空白"的感觉,是很重要的一件事。所以,除了说"脑中一片空白",我们还可以怎么说呢?取而代之,你可以做三件事情:描述想法、描述动作、描述场景。

把内心小剧场说出来——描述想法

"医师说是癌症的时候,我一句话也没有说。但我的心中却冒出了千言万语。我不停想着怎么办,怎么可能,为什么是我,太太怎么办,女儿还这么小,要化疗吗,家里没有钱做治疗……一回神,才发现医师已经不知道讲到哪里去了。"

让你的故事更生动——描述动作

"当我发现我搞砸了公司今年最重要的计划的时候,我发现我的心跳加速、呼吸困难,双手一直颤抖着,想要把桌上的笔拿起来,却拿不起来。我开始焦虑地在办公室里走来走去，只是一直转圈圈，却不知道要走到哪里。"

带观众回到现场——描述场景

"女朋友跟我说：'我有另一个喜欢的人了。'她开始说他们认识的过程，我却一直看着对街的花店。我不知道在那里买过多少花送给她。花店老板准备关门，把许多枯萎的花都丢到垃圾袋里。"

无论是描述想法、描述动作还是描述场景，都是在"描述画面"。描述画面是说故事的人应具备的重要的能力之一，画面描述得好，自然故事就跟着生动，可以更容易将听众拉进你的故事之中。所以，下次如果有觉察到自己又准备要说"脑中一片空白"的时候，不妨换个说法，也许会有不一样的效果！

除了"脑中一片空白"，使用三个方法让你找到更多语句：

1.描述想法：把内心小剧场说出来

2.描述动作：让你的故事更生动

3.描述场景：带观众回到现场

一场接地气的演讲，从当地故事出发
用当地故事拉近与观众的距离

这回看到了当地的孩子、当地的食物、当地的场景，观众的掌声响起，刚才那些没举手的人眼睛都亮了起来。

2018年5月25日，星教师传媒在成都举办了"一班一世界"班主任主题峰会，我是唯一一个拿台胞证的讲者。一小时的演讲结束后，许多人冲向前找我交谈与合影，兰州天庆实验中学的齐校长希望能与我见上一面，因为我那时可以停留的时间只有两天，我便问齐校长可否隔天早上8点约在酒店大厅见面。第二天，齐校长比我还早到了大厅，6位老师陪同，其中包括了学务主任路主任，我们聊了约莫半个多钟头教育的甘苦，我一听到齐校长说校内一个班级多达70个学生，我对于愿意担任班主任的老师献上比珠穆朗玛峰还崇高的敬意。

6月份，西安与兰州的学校同时间邀请我去演讲，我去了兰州。齐校长发短信过来："余老师，您讲什么都行。"我一直在思索什么样的内容才能"都行"，我面对了三大难题：第一难，时间长达5小时，观众会觉得疲累，无法集中注意力；第二难，人数多达400人，除了天庆实验中学100多位教师，还有300多位来自其他公立学校的老师；第三难，缺乏共同的生活经验，不易举例。演讲对我来说是家常便饭，但讲好一场能接地气的演讲，还是需要做足功课。

7月5日，齐校长、路主任和老师们到机场接我，下高速公路后到一家有着清真标志的餐厅吃晚餐。齐校长告诉我兰州人早餐都吃拉面呢！我赶紧像找到共同语言似的说："我们台南人也是把牛肉面当早餐。"语文学科的窦老师说："咱们学校有个教数学的何老师，每周五都跟班上的学生约在学校外面吃牛肉面，吃完大家7点半一起准时进学校早自习。"我止不住好奇地接连问了好几个问题：

"学生要提早出门吃面，应该很少人参加吧？

"何老师这样带学生吃面持续多久时间了？有一年吗？

"一家店可以容纳这么多学生？

"吃一碗面得花多少时间？

"学生穿着校服在校外吃拉面？"

问完这些我脑袋想得到的种种疑惑，我吃下第一口拉面，就在我抬起头时，窦老师拿出手机翻出了何老师的微信："这个班级一起吃了3年的面，感情可好着呢！"窦老师像说着自己的班级一样夸耀着何老师，齐校长频频点头，一旁的小媛老师说："何老师挺认真的。"教育就是长时间的陪伴，我暗自告诉自己，明天何老师的故事将是演讲中一道璀璨的光芒。

7月6日，我面对着400多位老师演讲，我采取了以下九个策略。

从聊天中获得题材——搜集素材

主办单位通常都会说，"能邀请到老师您，您讲什么都好""不然仙女您就讲您怎么教学好了""要不仙女您就讲您怎么带班好了"。我讲我的经验，与观众有什么关联呢？聊天就是最好的观察，人们会说自己身旁美好与困扰的事物，话语中向往与渴求的事情都是很棒的素材。何老师与学生吃牛肉面的故事是当下最好的例子，整场演讲中，不能只有我的成功经验，台下老师们的成功同样值得关注。我穿针引线地将何老师的亲身经历说到了大家的心里，肯定让在场的老师们格外有感，与有荣焉。

一个问题警醒观众——重击痛点

我开门见山丢下一道直白的问题："请问老师们谁是自愿参加今日研习会的，请举手。"

举手的人寥寥可数，多数学校老师参加研习会就跟学生上没兴趣的课程一样，看手机与瞌睡防不胜防，师生易地而处，心境一模一样。以痛点强力开场，警醒观众这是讲者所关注且重视的，观众会对演讲内容多一些期待。

图片"发声"吸引观众——真相附图

"大家吃过牛肉面吧！有这么一个老师，每周都与班上的孩子在早自习相约吃牛肉面，师生一起，吃着热乎乎的牛肉面是什么画面呢？"投影幕布上出现了何老师与学生们在店里面吃面的照片，大家原本以为我说的是台湾的故事，这回看到了当地的孩子、当地的食物、当地的场景，观众的掌声响起，刚才那些没举手的人眼睛都亮了起来。何老师与学生那一碗碗的牛肉面，开启了在场每位老师的小剧场：自己是不是也是如此经营着师生关系？有朝一日，该放哪一张照片在这个大舞台上呢？

引起观众的好奇心——善用停顿

说故事最忌讳平铺直叙地从头说到尾，在语句和关键词中间加上停顿，会让故事整体增加悬疑感，台上虽然留白很短暂，此时观众脑袋里却是万马奔腾，企盼早些获得谜底。我停顿了5秒，投影幕布上才出现何老师与学生们的照片，这时候观众席有些躁动，认识何老师的人对着照片又是惊又是喜。我问在场的大家："你们认识他吗？"效果出奇地好，天庆实验中学的老师们热切地回应着我，"那是何伟""那是何老师"。

形象鲜明加深记忆——具体人物

人物决定故事的走向，温暖的人孕育暖心的故事，千万别用"有一个老师""这位年轻的老师"这种没有识别度的名词埋没了主角，有名有姓有称谓，主角就有了标签，观众就对他有了基本的认知。何伟是数学老师，当大家一听到数学老师，总会想到公式与算数，而何伟给我们的印象更丰富，尤其学生们穿着校服坐在店里面稀里呼噜吃面的样子，浩浩荡荡一整个班级，10分钟吃完，一起进校门。牛肉面对兰州的孩子有特殊意义，是何伟让牛肉面又多了不同的滋味——持续3年从不缺席的好味道。

刺激观众的感受力——时间长度

时间的长短决定了感受力的强弱，时间的累积更需要让观众体会到，最简便的方式就是标明时间轴。我在台上讲着何伟老师每周带学生吃牛肉面的故事，讲完之后，我弯身面向坐在第四排中间的何老师。"何老师，您带学生吃牛肉面吃了3年吗？"前天，窦老师跟我说3年。何老师回应我不同的答案："6年。"我在心里数了起来，从2012年到2018年，天啊！是两个3年。这让我当下有好一会说不出话来，所有观众都感觉到我溢出的敬佩。

引领观众进入情节——声音强弱

听觉上以声音的强弱铺陈内容，借以让观众与讲者同情共感，产生强大的联系，在心里产生滔天巨浪。当何老师回我："6年。"我高昂地复述了一次："6年。"再加上我自己对这件事的评价，拉长音地说："6年时间好长啊！"我听到场内叫好与赞叹的声音，何伟老师很隆重地帮我们上了"坚持"这一课，这故事里我第二次听见掌声响起。

拉近与观众的距离——看着观众

必须让观众知道你正看着他们说话，目光望着台下，而不是幻灯片，自然地以手势和走位更接近后排的观众。下午场观众讨论时，我走下台看到有位短头发的女老师坐在前排，我好开心地对她说："我记得您上午坐在最后边的，您现在坐到了前面就是对我最大的鼓励了。"她说："您的演讲挺好的。"这一小段的对话赞赏了我们彼此的努力，展现了相惜之情。

当天演讲结束后，路主任带我到校长室休息，里面已经坐着一位端庄优雅的女老师。我一看到她，很熟悉的样子，说出："您不是那位从后排坐到前排来的老师吗？"

她甜甜地笑着看着我："是啊！早上天庆实验中学把我们学校的座位安排在边上，中午，我看到前面有空位，就坐到前面了。"

我们很有默契地说："坐后边太远了。"讲完这些话，齐校长为我介绍这位女老师，正是他的爱人徐老师，我哈哈哈地一直傻笑，我们在演讲中已经提前认识了呢！把认真的观众放心上，观众就会知道我们记得他，见面三分情就是如此培养来的。

理解观众的想法——唤起行动

希望受欢迎而迎合学生，匆忙地赶着课程进度，只批评学生不爱念书却不鼓励，老师们喜欢自己成为这样的老师吗？当教育不断地开放，不断扩大学生知识边界，当学生毕业若干年后，这些学生记得老师的又是什么呢？老师应该教学生"做个有温度的人"，以温度面对时代。期望老师们像何老师一样陪伴着学生。

晚上，与齐校长、马校长、路主任等人一起用餐，齐校长说："余老师，老师们手机里的朋友圈都是今天的演讲内容啊！"笑呵呵地把手机递给我看，热切地跟我说谁谁谁发了什么心得。马校长也接着说："谁谁谁写的心得可长着呢！就连别的学校的老师也在微信上面发了心得，有些篇幅短小，却也动人心弦，老师们各自有着各自的收获。"这一餐饭的满足来自大家的肯定。

故事与现实

7月7日，我们一行人乘车在从甘肃兰州往青海西宁的高速公路上。齐校长说："余老师，何伟没想到您会在台上说出他带着学生吃面的事，他吓了一跳呢！"齐校长边说边拿出何老师昨天发给他的微信，接着说："何老师的班级今年毕业了，他已经当了6年班主任。累了，想休息，不想再接班主任了。昨天听完您的演讲，他发短信给我，要再当班主任，我也鼓励他可以担任一整个年级班主任的负责人。"齐校长兴奋的语气感染了我，我很荣幸能听到这故事因为我而有了更多后续的开展。

齐校长说："余老师，您一开始就问老师们是不是自愿参加研习会的，这可真是说到老师们的心坎里了。"呵呵呵！人心都是相通的，大家都怕听到很无聊的演讲啊！这一场演讲的成功要感谢天庆实验中学所有协助我让这场演讲更圆满的领导、老师和同学，更要特别感谢齐校长对我的礼遇与照顾，永志不忘。

在异地演讲时，你也来试试看穿插个当地的故事吧！

··

使用九个策略，讲一场接地气的演讲：

1.搜集素材——从聊天中获得题材

2.重击痛点——一个问题警醒观众

3.真相附图——图片"发声"吸引观众

4.善用停顿——引起观众的好奇心

5.具体人物——形象鲜明加深记忆

6.时间长度——刺激观众的感受力

7.声音强弱——引领观众进入情节

8.看着观众——拉近与观众的距离

9.唤起行动——理解观众的想法

谈谈写稿的好处

润饰文稿，为上台做准备

没有写稿习惯的讲者，很难顾到故事中众多的细节。当我们一字一字调整故事的内容时，自然就离理想中的故事更近了一点。

台下坐着一群知名营养品大公司的营销主管，气氛有点严肃，这是企业内训的说故事比赛课程现场。下一个轮到小艾。她打扮光鲜，穿着亮眼，脚上黄色的高跟鞋非常吸睛。老实说，我对她寄予了厚望，因为她在第一天课程的现场就即兴说出了超精彩的故事。当她走上舞台时，自信的笑容、高雅的身段，都增强了我对她的信心。只是，当她拿起麦克风，从说出第一个字开始，我的信心就像是被台风吹过的行道树一般，变得凌乱起来。

"大……大家好，不好意思我有点紧张……今天我要说一个，我先生追求我的故事……

嗯……2011年5月13日，台北民权西路的地铁站有一对情侣，站在人群中，然后……女生不断地看着手机沉默不语，然后男生也一直看着时间，想说话却又说不出口。嗯……然后就在几班地铁来来往往后，男生终于鼓起勇气说：'我们交往吧！'嗯……这个男生就是我现在的老公。嗯……他那时大学刚毕业，从事卖车业务，月薪不到3万新台币。然后……其实……我没有答应他……因为其实我那时工作单位很好，月薪6万新台币。嗯……然后……我拒绝了他。其实我拒绝的原因很简单，我没办法接受另一半月薪比我低。然后……我转身就走了……嗯……然后……"

讲到这里，我不禁捂住了我的眼睛，不敢再看下去。第一段就支支吾吾讲了3分钟了，总共7分钟的演讲时长一定会超时。果不其然，她一共讲了将近10分钟，被主持人请下台。之后下课时，小艾跑来找我，头低低地不好意思地看着我。

"你是不是没有写稿啊？"我直接问她。

"嗯……没……因为上次讲得不错，我以为这次也可以……就……"她还是头低低地说。

"一看就没有写稿，赘字太多，一直'嗯、啊、然后'的，而且还超时这么久。如果有写稿，这些问题就可以避免了，非常可惜。"我真心为她觉得可惜。

很多人都以为，会说故事的人，都舌灿莲花、信手拈来，无论是怎么样的故事，只要通过他们的金口说出来，一定可以成为一个广为流传的经典故事。但大家不知道的是，那些经典的故事，其实都是经过无数的练习、准备和调整，才有了现在的成果。而写稿，是我认为上台前最重要的准备工作之一，特别是针对初学者而言。试着把即将要说出口的故事先用文字的方式写下来，这样有以下三个好处。

计算字数，掌握时间

很多时候，我们上台是有时间限制的。我在TED×Taipei，China演讲的时候，主办单位给我的时间是6分钟。在舞台前面有两张只有讲者才看得到的提醒屏幕，一张播放的是现在的幻灯片，一张显示的是时间倒数，当我拿起麦克风开始讲的时候，6分钟的时间数字开始倒数。当超时的时候，时间显示会变成红色，提醒你要下台了。

这当然是很紧张的，但是守时一定是每个演讲者都需要具备的美德，超时的时候，自己会紧张、压力大，自然表现状况下滑。再来，在多人轮番演讲的场合，也可能会耽误下一个讲者的时间。所以我要求自己，每一次上台的时间，一定要精准。但是，说故事是很容易超时的，因为故事带有感性，讲者很容易愈讲愈激动，太进入故事画面与情境，不知不觉就忘了时间。所以，若要力求准时，写稿就是很重要的一步。

那要怎么写？有三个步骤：

第一步，计算字数。以一分钟说250个字初步估算，若讲6分钟的故事，就是1500字。

第二步，口述计时。把写好的稿子念一遍，并计算时间。若是超时了，代表语速没超过一分钟250个字。相反地，若是还不到预定的时间，代表语速较快。假设1500字的故事，5分钟就讲完了，代表基本语速大约为每分钟300字。

第三步，初改讲稿。根据自己的语速修正讲稿，若是写多了，就删减一些；若是不够，就增加一些。要注意的是，现在只是初步修改，不需要改到非常细腻，差不多即可，因为晚一点还会再调整。

润色文句，避免赘述

赘述绝对是一个好故事最需要避免的错误之一。它有两大致命伤：第一，赘述会占掉原本故事的字数空间，让整体的故事时间拉长。本来有很多时间可以好好描述画面的，但是那些时间都被多余的字和句占去了，岂不可惜？第二，当听众发现了我们有赘述的习惯，他们就会不经意去找赘语出现在哪里，或是期待下一次赘语的出现，这时故事即使说得再好，也没人听了。

写稿的第二个好处是，可以改掉我们的口头禅或是赘述的习惯。写稿的时候，自然不会把那些"嗯、啊、然后"放进去，或是真的不小心写进去了，也可以刻意地把它改掉。口头禅几乎是每个人都有的习惯，想要改掉这个习惯，没有别的速成方法，只有多练习。于是，用写好的、没有口头禅的讲稿多讲几次，自然就可以改掉这个习惯了。根据网络统计，十大最常用的口头禅如下：其实、然后、对、进行一个XX的动作、XX的部分、所谓的、一种XX的概念、基本上、老实说、我这边。大家在平常时，也可以多留意，自己是不是也会这样说话。如果你也有这样的习惯，可以借由写稿的方法让这个习惯远离你！

字斟句酌，调整细节

有时候我们上台说故事的场合是很庄重的，比如说像TED×Taipei，China的场合，很多人在看，还有录像，自然不能像平常一样，讲稿写一写就可以上台，而是要经过不断地练习、调整、修改。

我在TED的6分钟讲稿，修改版本超过20个。都是经过试讲、练习或录音之后，反复地修改架构和细节，让它成为一个更动人的故事。而若是没有写稿习惯的讲者，只凭着记忆修改，很难顾到每一个细节。当我们一个字一个字地调整故事的内容时，我们自然就离理想中的故事更近了一点。

下一次上台说故事前，别忘了讲稿这个充满魔法的工具！

写稿对说故事的三个好处：

1.计算字数，掌握时间

2.润色文句，避免赘述

3.字斟句酌，调整细节

在演讲中巧用故事，化危机为转机
运用故事技巧成功化解演讲危机

当下只有很短的时间决定我要不要说说这张幻灯片的故事，我选择说出我刚经历的一场惊心动魄的"浩劫"。

高三下学期学校日，以往都是冷冷清清的，只有两三个家长来。这次学校日定在开学的第一周，学测成绩单又还没发，有什么好跟家长们说的呢？家长们最关心的是孩子可以念什么样的学校，什么样的科系有前途，怎么样填院校最理想。身为高三班主任，我想跟家长们说，只要孩子念得有兴趣，念得开心，就不会重蹈高中三年学习动机低落的覆辙。也因此，我想打造一个与众不同的学校日，期望能说服家长们"让孩子成为他们想要成为的人"。

早在高二学期末，我就先向家长预告会以亲职讲座的方式开展学校日，高三开学调查果然来的家庭变多了，从往昔的两三个家庭变成12个家庭，有3个家庭还是父母亲一起参加的，来了共15位家长。我花了两天的时间，亲自跟一个个学生说："要跟爸妈一起来参加哟！""我们大人都在聊你们的事情，我真的很希望你能参与。"一下子学校日人数暴增到25人。

用故事化解危机，让演讲顺利落幕

我把讲座的讲题定为"如何培养孩子的关键能力"。

开场前一小时，一心的爸妈打电话给我，问一心在学校的状况，说明刚回国不方便参加学校日，我还特别在电话中跟一心的爸爸妈妈说："一心很想念餐饮相关的科系，有一回我上课提到江振诚，班上的学生第一反应是：'谁啊？'一心马上说：'我知道，RAW（一家位于台北的米其林餐厅）是他开的！'她是班上唯一一个知道名厨江振诚的人。"

6点30分我准时到了教室，学生们早已画好板报来欢迎家长，桌椅分成6组，桌上有学生与家长的立牌，破天荒的，原本学校日时门可罗雀的教室里人声鼎沸。

我泰然自若地让家长和学生们分组，讲着班上的状况，让家长体验分组课程的日常，大家都乐在其中。一直到出现一张幻灯片，我的节奏倏地停了下来，这张幻灯片与整体的幻灯片不搭调，是我忘记删去的，我看到的时候也迟疑了几秒，当下只有很短的时间，我决定要播放下一页，假装这张幻灯片不存在，还是说说这张幻灯片的故事。我选择说出我刚经历的一场惊心动魄的"浩劫"。

"我一大早开始做幻灯片，直到5点40分文档无法保存，我心想只要不关机应该也不会怎么样，继续做着幻灯片。看着笔记本电脑右下角的时间显示6点15分，我一抬头才发现天都亮了，合上了笔记本电脑，从图书馆走回办公室。

"回到办公室，6点20分打开计算机，文档在屏幕上停留了3秒钟，就不见了。我的学校日文档不见了！不见了！不见了！距开场只剩10分钟，哲宇在旁边问我怎么办？只剩下支离破碎、断简残编的文档。

"'仙女，怎么办？剩10分钟就要开始了！'哲宇又问我一次。

"我还记得幻灯片的顺序，还记得自己写的金句，调整幻灯片的顺序，打上金句，无法调整的索性删去，改用口说。我没有因为参与的家庭只有12个而掉以轻心，反而郑重其事地做足准备，我想让家长们看到孩子的成长。原本的幻灯片，分别贴上了学生们的照片，打上了他们的名字。我从移动硬盘里一个个的文件夹中找出学生们，挑出一张张表情自然的照片——家崴和瑀婕在'国教院'分享；修玟站在讲台上说服我语文课去打躲避球是很好的班级经营方式；邹维上台跟我们分享他去日本自助旅行的经过；恩均打扫时的投入与自律；哲宇上台背《岳阳楼记》（哲宇妈妈对于不喜欢语文的哲宇在家还会拿出语文课本，而感到不可思议）；声美在课间10分钟如何发挥她的影响力，同学的学习单上写着声美的领导力；睿恩在活动中心指挥若定，说明躲避球的规则。

"书宇爸爸站起来分享书宇的优点，说了好棒的一段话，他说：'刚才每个孩子的优点，我们家书宇都有！'那时候我很想说我放了书宇跟我的一小段短信对话。结果，都不见了！都不见了！都不见了！这个幻灯片原本有301班每个孩子的独特之处，都不见了！荡、然、无、存。"

我说出了我文档不见的事情，我可以不用说，让大家以为我的行云流水来自万全的准备，反正他们也不知道。但我说了，我想让到场的家长跟学生知道我在开场前10分钟有多么万念俱灰。

我之所以愿意在家长们面前说这一段，是因为"我很喜欢教书，我愿意花这么多的心力投入，如果你们让孩子选择他们想要的校系，让他们做喜欢的事情，他们就有机会像我一样有着猝然临之而不惊的能力，即使在紧要关头发生重大失误，仍然愿意想办法做到最好。"讲完这些，我的眼眶就红了。

学校日结束，家长们跟我致谢，尤其担任讲师需要经常做幻灯片的睿恩妈妈握着我的手说她能体会我的无助，其他的家长们在我锲而不舍的执着中，愿意更认真地看待孩子的优势，他们期望孩子有朝一日能具有如此临危不乱的能力。

巧用故事元素，造就成功的演讲

这场成功的学校日运用了哪10个重要的故事元素呢？

1.转折愈大，效果愈强：学校日开场前10分钟文档不见，重做幻灯片。

2.说给谁听：说给家长听，讲者深知家长期望孩子能一直安定，然而安定不常有，培养处变不惊的能力很重要。

3.找到使命感：身为老师的我，在看了孩子3年萎靡不振的学习之后，认真地想要说服每一位家长，尊重这些孩子选择校系的意愿。

4.营造整体感：教书是我的天赋，我做我擅长的事，期望家长们也能"让孩子成为他想成为的人"。

5.发挥价值：我一时的失败也有其价值，可以借此培养孩子未来受挫时必备的能力。

6.表情感染力：我站在投影幕布旁一动也不动地说着故事，眼眶泛红，让观众感受到我的无助与失望。

7.走入场景中：因为没有幻灯片，家长随着我的描述进入了孩子们的高三校园生活。

8.人物形象化：每一个参与的学生我都着眼于他专精的事物，呈现出他们的光芒，让家长与有荣焉。

9.语气的顿挫：慢慢地说，讲到重点处加上重音，让听众能随着音调的转折更容易融入故事情境当中。

10.故事续航力：家崴说那天她其实眼眶都泛泪了，因为她妈妈跟她说过类似的话，这是一场连学生都有感觉的座谈会。

学校日结束后，我把车开出学校。车停在路边，眼泪一滴一滴地流下来，无声无息。半小时后逸琦发了短信问候我，我跟她说："我学校日的幻灯片没存档，不见了！"我狂哭了起来。我边哭边说，号啕大哭。

逸琦问我："你想传达的传达了吗？"

传达了。但是我没办法接受自己竟然犯了这么大的错误，这是职业选手不应该犯的错啊！一小时后我发动车子，想着回家要凭印象再做一次幻灯片，记录这第一次难得的亲子学校日。

4月底，大学申请陆续发榜，那些来参加学校日的家长让孩子们走他们想走的路，填自己想填的志愿，选自己想选的科系，对自己的人生负责。

十个技巧，用故事将危机化为转机：

1.转折愈大，效果愈强

2.说给谁听

3.找到使命感

4.营造整体感

5.发挥价值

6.表情感染力

7.走入场景中

8.人物形象化

9.语气的顿挫

10.故事续航力

如何用名人故事走出情绪的低谷
好的故事为听众带来鼓励

因为会说故事，我和李千那在社交网站相遇，这篇文章鼓励了许多失意的人，《不曾回来过》也变成励志歌曲。

我拿着手机进教室，按下手机的播放键……我向学生说："请写出这首歌的歌名。"才不过几秒的前奏，学生们反应很快地全举起白板：《不曾回来过》。

我站在教室中央的走道说："请写出来这是谁唱的歌。"学生们再度迅速地举起白板"李千那"。

我问："不是'娜'吗？"韵婷说："已经改成'那'了。"其他学生跟着点头。

此时，我已经站在走道的最右边，靠窗的位置，窗外一片光明，阳光普照。

我问："2017年李千那以哪一部电视剧获得

第五十二届金钟奖迷你剧集女配角奖？"学生无不写《通灵少女》。

我指了指所在的位置："我现在站的位置是2017年的李千那。"

往前走到中间说："李千那因《朱丽叶》这部电影表现优异，获得金马奖的哪一项殊荣？"

学生再度兴奋起来，白板上写着"最佳新人奖"（正确名称是"最佳新演员奖"）。

我指了指我所在的位置说："我现在站的位置是2010年的李千那。"

往前走到走道的最左边说："李千那参加《超级星光大道》歌唱选秀，获得第几名？"

学生真的很懂，全部都写上"第十名"。

我指了指我所在的位置说："我现在站的位置是2007年的李千那。"

"李千那在当时歌唱比赛只拿到第十名。之后，她转了弯，在戏剧界表现亮眼，得到殊荣。就像班上有些同学你觉得自己考试考得不理想，不如预期，请不要灰心，想想看你接下来要申请大学，从今天起认真地准备备审资料，我会陪你一起准备；如果你要参加大学指定科目考试，就义无反顾地走这条幽静的路，我们一起走完全程。"

我走回走道中间说："找到舞台，你就会跟2010年的李千那一样让人刮目相看。"

我往前走，回到走道右边，窗外的阳光格外吸引人。

"持续在你擅长的领域里耕耘，未来的你会跟2017年的李千那一样绽放光芒。

"不只戏剧出色，李千那更在2018年发行了第一张闽南话专辑《查某囡仔》。人生放长远来看，跌倒了，站起来，往前走，人人都可以成为李千那。"

用故事抚平低落的情绪

学生们收到考试成绩单的第二天，有些孩子仍深陷愁云惨雾中，我用了十个技巧来说李千那的故事。

1.音乐开场：《不曾回来过》这首歌，学生耳熟能详。

2.经典影视：《通灵少女》让李千那红透半边天。

3.抢眼道具：让学生看到我手中的手机，瞬间吸睛，好奇到底今天有什么新鲜事。

4.三段走位：走位呈现的是具象的三个重要时间点。

5.手势帮衬：当我说"这是某某年的李千那"时，我的手平举，食指朝下。

6.眼神凝视：食指朝下，而眼神望着观众，坚定地说出每一个时间点的人物变化。

7.音量调整：李千那只得到第十名，音量小声，得到金马奖和金钟奖都加上重音，声音的层次让故事更有厚度。

8.主题明确：经历挫折后奋发向上的故事，最能激励人心。

9.双轨并行：第一次由右到左是李千那的生命经历，第二次由左到右是学生目前的处境。

10.余音绕梁：那几句歌词循环往复地在学生脑海中响起。

我在社交网站上记录下这堂"运用李千那故事帮助学生走出考试失意的低谷"的文章。

用十个技巧，让故事填补情绪的低谷：

1.音乐开场

2.经典影视

3.抢眼道具

4.三段走位

5.手势帮衬

6.眼神凝视

7.音量调整

8.主题明确

9.双轨并行

10.余音绕梁

故事与现实

36小时后，我看到了一个熟悉的名字分享了我社交网站上的文章，她是"李千那"，那一瞬间我感觉自己被鼓舞了。千那在她的社交网站上写着：

"谢谢余老师，我很感恩、很开心自己能成为被学习的对象以及鼓励别人的范例，实在是不敢当你的用心和鼓励。孩子们一定会提振士气，走过低潮。有这样温柔贴心的老师陪伴，万芳高中的同学真的好幸福。我在半年前，也开始帮我女儿筹划、分析、勘查、接洽选择适合的学校，除了要不厌其烦地了解每一所学校教学、科研水平，我还询问许多这些学校毕业的杰出校友，在网上查找网络评价，听取朋友意见，接下来还要综合考量孩子的志向、未来走向规划……

"真的要花很多时间和心思，所以我可以理解，如果准备这么多，这么辛苦，却没考上，父母和孩子该有多沮丧。还是希望给正要考试的同学们一点刺激、鼓励，你们一定要尽全力冲刺，不要让自己留下遗憾，我相信你们都可以考到自己喜欢的学校，这也是回馈老师和父母最好的礼物。如果没考上也不要气馁，尽力就好，未来的路还很长，把握住下一次的机会，同时也要向你的老师和父母说声谢谢，辛苦了，一起加油！"

因为会说故事，我和李千那在社交网站相遇，这篇文章鼓励了许多失意的人，《不曾回来过》变成了励志歌曲，带我们望向美好的未来。